识干家

企業閱讀　學以致用

工程总承包
企业法律风险与
防范指南

中国电建集团西北勘测设计研究院有限公司
法律与风险管理部◎编著

有效规避76个风险点 为您的企业保驾护航

沈阳出版发行集团
沈阳出版社

图书在版编目（CIP）数据

工程总承包企业法律风险与防范指南 / 中国电建集团西北勘测设计研究院有限公司法律与风险管理部编著. --沈阳：沈阳出版社，2022. 12

ISBN 978-7-5716-2955-7

Ⅰ. ①工… Ⅱ. ①中… Ⅲ. ①建筑工程 - 承包工程 - 法律 - 中国 - 指南 Ⅳ. ①D922. 297. 4

中国版本图书馆 CIP 数据核字（2022）第 236946 号

出版发行： 沈阳出版发行集团 | 沈阳出版社

（地址：沈阳市沈河区南翰林路 10 号　邮编：110011）

网　　址： http://www. sycbs. com

印　　刷： 河北宝昌佳彩印刷有限公司

幅面尺寸： 170mm × 240mm

印　　张： 18

字　　数： 192 千字

出版时间： 2022 年 12 月第 1 版

印刷时间： 2022 年 12 月第 1 次印刷

责任编辑： 马　驰

封面设计： 仙　境

版式设计： 仙　境

责任校对： 王玉位

责任监印： 杨　旭

书　　号： ISBN 978-7-5716-2955-7

定　　价： 128. 00 元

联系电话： 024 - 24112447

E-mail： sy24112447@ 163. com

本书若有印装质量问题，影响阅读，请与出版社联系调换。

编委会名单

主　编：尉军耀

副主编：武建学　魏　军

编写人员：魏　军　益　娜　朱婷婷　许震宇

魏　丹　田　琛　张梦婷　韩佳桐

序

2020年9月,我国明确提出2030年“碳达峰”与2060年“碳中和”的战略目标，对推进产业结构调整和建设工程企业转型升级影响深远。建设工程领域中EPC总承包逐渐成为重大项目建设的主要模式,建设工程总承包单位面临的风险越来越复杂。有效识别和化解风险，成为重中之重！总承包单位尤其是国有总承包企业如何准确识别违规行为，促进合规运作，防范化解重大经营风险，本书给出了初步答案。

本书从总承包单位管理实务角度，详细梳理了总承包项目从招投标，到EPC合同签订、履约和生产经营过程中的76个风险点,每一个风险点内容均由“表现形式”“法律后果”和“防范措施”三部分表述组成有机整体。每个风险点构成一个完整的风险识别与防范指南，内容丰富，条理清晰，通俗易懂。

本书的编写人员长期在国有设计和施工企业从事公司法律实务工作，部分编写人员还曾从事社会律师工作，兼具扎实的法学理论功底和丰富的建筑领域实践。

本书内容来源于编写人员长期在总承包企业开展法务管理、合规管理、内部控制、风险管理等协同运作探索的工作实践积累，对总承包单位管控风险、管理提升具有较强的借鉴意义和参考价值。

法治建设、合规保障、风险管理是每一个企业的必修课。我的同事们在繁忙的工作之余，集成实务经验且不吝分享，实属难能可贵！愿探索的脚步不停，持续提升，臻于至善。

中国电力建设股份有限公司

总法律顾问　王书宝

2022 年 9 月 14 日

目录 CONTENTS

第一章　招投标阶段法律风险与防范

一、招投标前的法律风险与防范

二、招投标过程中的法律风险与防范

第二章 合同签订阶段的法律风险与防范

一、合同主体法律风险与防范

二、合同条款中的法律风险及防范

第三章 履约阶段的法律风险与防范

一、分包管理的法律风险与防范

二、施工管理的法律风险及防范

第四章　其他法律风险及防范

第一章
PART

招投标阶段法律风险与防范

一

招投标前的法律风险与防范

（一）没有调查就没有发言权
——对合作方资信调查研判不足

主要表现

（1）投标签约前，对建设单位、联合体成员资信、资质、履约能力和支付能力不进行翔实的调查与核实，尤其与民营资本合作前未开展尽职调查，轻信相关人员口头介绍和空头许诺。

（2）投标签约前，急于拿到订单，对项目产生重大影响的下列要素风险评估不足，盲目投标、权利义务严重失衡，缴纳投标保证金、开具银行保函等实质工作投入，导致在源头埋下巨大风险隐患并发生严重经济损失：

① 项目是否真实、合法；

② 是否需要总包方垫资；

③ 资金来源是否落实、可靠；

④ 前期各种立项审批手续是否齐全；

⑤ 商业模式是否存在资金“走账”、倒卖“路条”的违反法律强制性规定。

法律后果

（1）建设单位资信较差，资金来源不明确，签约后可能会导致总包方变相垫资、不能开工或者开工后中途停工，回款没有保障，还将引发对下游分包方、供货商承担违约责任。

（2）联合体合作方资信、资质、履约能力不足，可能引发总包方对其违约行为向建设单位承担连带责任，被迫在履约过程中发生垫资或重大经营亏损难以追索。

（3）项目信息不真实，总包方存在被欺诈、诈骗的风险，盲目投标、缴纳投标保证金、签约、开具银行保函可能导致总包方支付资金无法追回，若大额银行保函被恶意兑付，不仅损害公司的金融信誉，还可能引发国有资金流失。

（4）项目商业模式存在合法合规风险，可能导致合同无效，合同预期利益缺乏法律保障，若被国家监管叫停则合同成本投入难以追回，还可能引发相关行政处罚，对公司投标将产生“一票否决”的长远影响。

防范措施

（1）项目投标、签约前，对合作方资信、资质、履约能力，以及项目信息应充分调查、了解，确保项目真实、合法、有效。

（2）充分利用“国家企业信用信息公示系统”“天眼查”“企

查查”“信用中国”及相关官方网站等信息平台，对建设单位、联合体合作方进行客观、全面、细致的资信调查，对重大的与民营资本合作项目应开展专项尽职调查，原则上应禁止与资信不佳的单位合作。

（3）与资信不佳的单位应审慎合作，或要求提供有效的担保措施，包括但不限于项目公司股权质押、电站电费收益权质押、出具见索即付履约保函、房产抵押、实际控制人保证等。但需要注意，在合作方不具备履约资信能力的情况下，不能单纯依赖担保开展项目合作。

（4）对项目招标条件、特殊合同条款应进行严格审查，对项目商业模式是否存在违反法律强制性禁止性规定，如涉嫌非正常资金“走账”、虚开增值税发票、倒卖“路条”等情况及引发的风险进行充分评估和论证，如有上述违规事项，应停止合作。

（二）明修栈道，暗度陈仓——非正常资金“走账”

主要表现

（1）配合建设单位融资非正常资金“走账”。总包方配合建设单位做大总包合同价款，建设单位以总包项目作为担保进行融资贷款，建设单位用贷款支付总包方工程款，总包方在获得工程款后将虚增部分再返还建设单位或其指定第三人，用于建设单位项目前期土地征用补偿或其他支付，总包方改变贷款用途，进行虚假财务收付，甚至对外作出放弃建设工程优先受偿权的承诺。如图 1-1 所示。

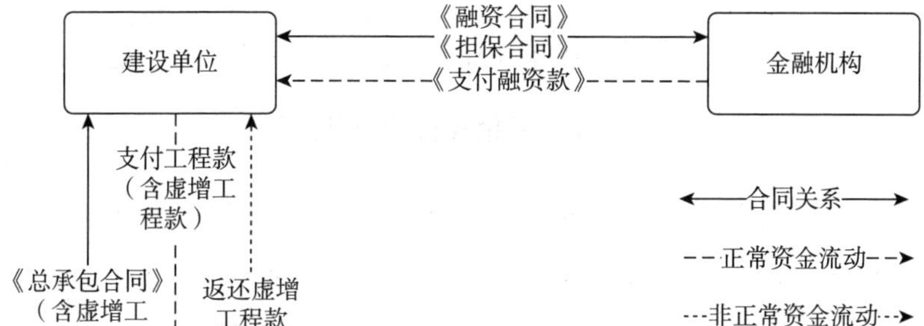

图 1-1 配合建设单位融资非正常资金“走账”

（2）配合收购方和建设单位违规转让项目，变相支付“路条费”。为规避收购方财务制度禁止向建设单位支付“路条费”的规定，项目投产前，总包方配合项目收购方和建设单位，在签订总包合同时预先将项目“路条费”纳入总包合同价款，总包方获得工程款后，再通过签订项目前期咨询服务合同、项目施工分包合同、材料采购合同或其他名目等方式，变相将“路条费”支付建设单位或其指定第三方。如图 1-2 所示。

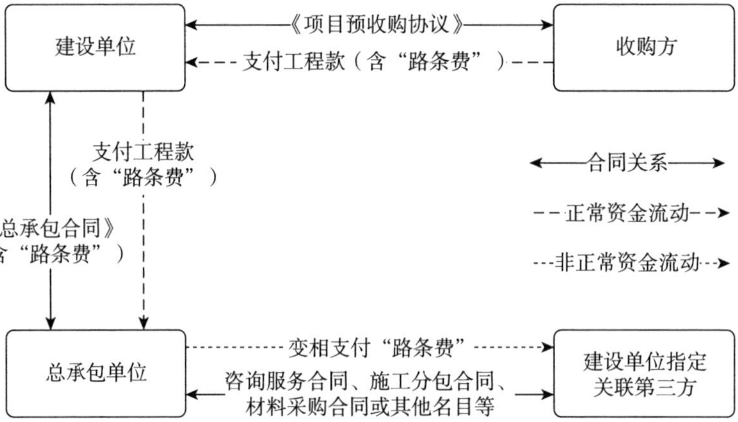

图 1-2　变相支付“路条费”

（3）虚开增值税发票。不以真实交易为基础，开具与实际经营业务不相符的增值税发票，或对发票能反映纳税人纳税情况、数额的有关内容作不实填写，致使所开发票的税款与实际缴纳不符的一系列行为。如上述总包方配合建设单位非正常“走账”、变相支付“路条费”等，对虚假财务收付所开具的增值税专用发票即构成“虚开增值税发票”，且一般数额较大。

（4）变相支付“佣金”。为获取中标，签订《咨询服务协议》或其他协议的方式，向合作方支付“感谢费”“好处费”“人情费”等，或者非法干预招投标程序和结果。

法律后果

（1）非正常资金“走账”，违反国家《金融法》《行政许可法》《招投标法》《税法》等禁止性规定，可能导致相关合同、协议全部或部分无效。合同无效情况下，如果通过司法途径解决工程款争议，往往还将引发工程造价司法鉴定。

（2）非正常资金“走账”，不仅导致账面已付工程款与实际已付工程款不符，工程款可能因审计或鉴定结果被认定付清，导致实际欠付工程款难以收回。

（3）非正常资金“走账”，违反国家强制性法律规定面临被行政处罚的风险，相关责任人甚至可能因涉嫌骗贷、逃税、虚开发票、商业贿赂等违法犯罪行为承担刑事责任。

防范措施

（1）对建设单位提出的配合“走账”要求，应予以拒绝；对于有逃税、虚开发票等涉嫌违法犯罪行为的“走账”要求应坚决予以拒绝，避免掉入共同犯罪的陷阱。

（2）合同应体现工程款的真实支付情况、账户款项往来的事由及性质，避免出现工程款支付争议。

（3）重视建设工程优先受偿权对实现工程款债权的重要性，不轻易放弃此项权利。

（4）禁止虚开增值税发票，在交易过程中做到“公对公”交易，做到合同、发票、资金三流一致，确保发票内容与实际相符。

（5）禁止以支付“佣金”和“咨询费”等形式掩盖“感谢费”“好处费”和“人情费”等非法目的。签订《咨询服务协议》或《中介合同》时，应有真实服务内容或交易成果，确保费用和项目的真实性，并通过公司内部规章制度的形式将相关标准予以明确，避免出现审计风险。

（三）没有金刚钻，别揽瓷器活
——投标主体资质不符合招标要求

主要表现

（1）未取得建设工程资质，或者超越资质等级进行投标。

（2）承揽房屋建筑和市政基础设施总承包项目，不具有与工程规模相适应的设计资质和施工资质，或未由相应资质的设计单位和施工单位组成联合体进行投标。

（3）承揽除房屋建筑和市政基础设施领域外的总承包项目（如光伏、风电等新能源项目），投标人既不具有与工程规模相适应的设计资质，也不具有施工资质。

法律后果

（1）建设工程项目投标主体未取得法定资质或超越资质等级范围承揽项目的，不具有投标人资格，投标将被否决。否则，其他投标人或利害关系人也可能会提出异议或进行投诉，导致投标无效。

（2）即使中标签订合同，所签合同也可能被认定无效。

防范措施

（1）工程项目必须在资质许可范围内进行投标，确保资质等级符合项目类型和项目规模，以及招标文件的具体要求。

（2）以施工总承包资质参与总承包项目投标应依据《建筑业企业资质标准》规定承担资质许可范围内的工程，以设计资质参与总承包项目投标应依据《工程设计资质标准》规定承担资质许可范围内的工程。

（3）以联合体形式投标，应对联合体各方资质进行审查，确保符合项目招标资质要求，联合体成员中有同类资质且按照联合体分工范围承担相同工作的，按照“就低不就高”的原则确定投标主体资质。

（四）拿不到桌面上的契约——标前协议违规

主要表现

（1）必须招标的项目，投标人提前与招标人签订标前协议，对合同主要条款达成一致意见，暗含总包方一定中标的意思表示；或者仅约定总包方签订标前协议后即开展项目前期工作，但对项目前期工作费用如何计算、支付主体等没有约定。

（2）与潜在分包方就总包合同中暂估价必须招标项目签订标前协议，对合同主要条款达成一致意见，暗含分包方一定中标的意思表示。

（3）总包方将合同主体部分，或者建设单位不允许分包的部分进行分包；或者将工程分包给不具备相应工程资质的分包方。

（4）组建联合体签订标前协议主要风险表现同本章第一类

（五）“模式决定成败——联合体投标不合规”部分。

法律后果

（1）提前签订标前协议，涉嫌串通投标，将导致中标无效、合同无效，还可能引发资质降级、吊销资质等相关行政处罚。

（2）总包方与潜在分包方签订标前协议，将合同主体部分进行分包，构成实质上的转包，以及将建设单位不允许分包的工程转交潜在分包方承接，构成违法分包，均无法律效力。

（3）组建联合体签订标前协议主要风险的法律后果同本章第一类（五）“模式决定成败——联合体投标不合规”部分。

防范措施

（1）如确需要与招标人签订标前协议，建议合作范围约定较为宽泛的战略合作，避免出现特定项目锁定中标人的意思表述，避免被认定为串通投标；同时应对总包方前期工作投入费用计算依据，以及承担方式进行约定，确保无论是否中标，前期工作投入有明确的费用补偿途径。

（2）如确需要与潜在分包方签订标前协议，应提前了解拟分包范围是否属于暂估价应招标项目，总包方是否具有直接分包的权限；禁止将主体工程进行“分包”，避免被认定为串通投标或者违法分包、转包无效。

（3）组建联合体签订标前协议主要风险防范措施同本章第一类（五）“模式决定成败——联合体投标不合规”部分。

（五）模式决定成败——联合体投标不合规

主要表现

（1）签订联合体协议，但未提交招标人，仅约定牵头人中标签约后将一定合同份额交由总包方实施。

（2）对联合体成员没有进行必要的尽职调查，偏听偏信，与资信不佳、履约能力不足的公司组成联合体。

（3）联合体成员虽然具有投标资质资格，但并非该成员实际履约，实际由无资质、低资质或个人挂靠该公司与总包方合作，从源头就给合同履约埋下隐患风险。

（4）为增加产值，名为联合体共同履约，实际上绝大部分工程由成员方实施，总包方只承担极小比例工作或不承担工作，仅就成员方工作范围收取2%左右的管理费，扣减掉人工成本、税款及其他费用，几乎无利润，风险与收益不匹配，典型的“获小利、担大责”。

（5）联合体协议约定，总包方作为牵头方，但实际履约中仅委派极少量管理人员，对成员方的工程质量、进度、安全等不管理或管不住，成员方出现质量、进度和安全风险，总包方仍要对成员方的违约行为向建设单位承担违约和赔偿责任，形成实质上的“以包代管”。

（6）联合体内部就工作分工、权利义务、责任风险承担约定不清晰。

法律后果

（1）签订“联合体协议”，但未提交招标人，约定牵头人中标签约后将一定合同份额交由总包方实施，实质为分包合同，若该分包工程系应当招标项目或建设单位限制分包内容，则可能因涉及串通投标、违法分包而导致合同无效。

（2）联合体中标后，如联合体成员拒绝签约、签约后存在挂靠、转包、违法分包行为，或因资信低下、履约能力不足，导致项目实施出现工程质量、工期、安全问题，则总包方应共同就由此引发的缔约过失、违约赔偿责任向招标人或建设单位承担连带赔偿责任。总包方承担连带责任后，对于资信低下、无支付能力的联合体成员，相关损失将难以追回，故与上述成员方组成联合体，无异于用总包方的声誉、资金为其提供“变相担保”。

（3）总包方作为联合体牵头方，就成员方工作范围仅收取管理费，但不进行实际项目组织和管理，或虽然派出管理人员，但难以对成员方进行有效管控，可能被认定为“联合体内部转包”，双方对“管理费”的约定无效，也存在审减风险。

（4）联合体内部约定各自独立承担责任，对业主不发生法律效力，但是内部有效；如果联合体内部就工作分工、权利义务、责任风险承担约定界限不清晰，总包方作为联合体牵头方，向业主承担连带责任后，再向成员方追索时存在证据不足、事实不清等问题和困难，最终将导致总包方成为成员方风险的“背锅侠”。

防范措施

（1）谨慎选择联合体合作伙伴，即使该成员方系建设单位指定，也必须对成员方的资质资信和履约能力进行尽职调查，调查内容包括但不限于出资人和实际控制人的身份和背景、近三年经审计的财报、项目业绩、诉讼纠纷、资质资格、是否存在挂靠、支付能力和风险承受的能力等。

（2）规范联合体行为，联合体协议应提交招标人，联合体协议应明确约定联合体各方工作范围及分工，合理分担项目履约风险。中标后，联合体成员共同与建设单位签订合同。

（3）联合体牵头方应切实履行总包方管理职责，确保工程分包合法合规，加强工程质量、进度、资金控制管理，避免对联合体成员方的管理失控，对联合体合作方履约行为进行管控和监督，督促联合体成员方完全履约，避免出现违约行为引发连带责任风险。

（4）联合体与业主签订总包合同后，建议联合体成员各方应当根据联合体分工约定，制定更为详细的“联合体实施协议”或“内部经济协议”，进一步明确联合体内部各方工作范围和分工、权利义务，以及合同履约过程中可能出现的问题的处理原则、程序、责任承担方式。建议在协议中明确约定联合体各方独立承担各自合同份额对应工作范围的全部工作责任、权益及风险，若一方违约给其他联合体成员造成损失，违约方应赔偿守约方的全部损失，包括直接或间接损失。

（六）兵出无名，事故不成
——项目缺乏前期合法合规手续

1. 出生证是认定孩子合法身份的首要依据
——项目核准/备案手续问题

主要表现

（1）未按规定程序和条件获得核准/备案文件便开工建设。

（2）未在项目核准/备案后 2 年内开工建设。

（3）未按项目核准/备案文件要求的建设地点、规模、内容等进行建设。

（4）项目核准/备案文件超过有效期后未办理延期手续。

（5）新能源项目在投产前投资主体发生变更。

法律后果

（1）项目未取得合法有效的核准/备案文件而直接开工建设，将被责令停工，追究行政处罚责任；构成犯罪的，将被追究刑事责任。

（2）未在项目核准/备案后2年内开工建设或过期后未办理延期，将导致核准/备案文件失效，项目指标作废。

（3）新能源项目投产前投资主体发生变更，将被认定为倒卖项目备案或核准文件，受到行政处罚。

防范措施

（1）目前国内投资项目管理模式分为“核准”和“备案”两类，风电新能源项目为核准制，光伏新能源项目为备案制，项目获批后，核准/备案文件有效期为2年，2年内项目应开工建设。

（2）项目未按要求时限、地点、规模、内容开工建设，应及时将相关情况告知核准/备案部门，与相关部门沟通采取变通或补救措施，确保项目保持有效。

（3）项目核准/备案文件过期后，应及时办理延期手续，延期只能延1次，最长不得超过1年。

（4）新能源项目确需变更投资主体，应在项目建成并网后进行转让或先行签订预转让协议，待符合协议约定条件时再进行转让。

（5）项目实际所有权人通过控股的夹层公司设立项目公司，通过夹层公司股权转让实现项目转让。

2. 犯我土地者，虽远必诛——非法用地

主要表现

（1）项目用地占用基本农田、非法占用农用地（耕地、林地、草地等）、自然保护区等生态红线和水源保护地。

（2）项目永久用地未按规定办理建设用地使用权出让/转让手续，存在"以租代征"情况。

（3）项目用地权属不清、无权利证书、土地性质不明等。

（4）项目用地涉及租赁土地未取得合法有效的出租文件，租赁集体土地未履行村民大会讨论的法定程序，租赁合同期限超过 20 年。

（5）光伏复合项目、光伏扶贫项目外的新能源项目，使用农用地且以租赁方式取得项目用地。

（6）项目用地涉及划拨用地不符合《划拨用地目录》，或未按划拨文件规定使用土地。

法律后果

（1）项目开发建设过程中，如发生违法用地情形，将导致民事赔偿责任，以及退还土地、限期拆除项目建筑物和设施、罚款等行政处罚责任，非法占用农用地的甚至可能被追究刑事责任。

（2）若 EPC 总包合同中约定总包方负责项目永久和临时征地工作，如发生上述违法用地情形，将导致总包方承担上述第（1）项法律责任。同时，建设单位拒付工程款，并追究总包方违约责任。

（3）包括项目非法用地在内的任何行政处罚事项，都将对公司声誉及未来三年内投标，产生取消投标资格等不可逆转的严重后果。

防范措施

（1）原则上不应将项目永久用地纳入总包方工作范围，如必须承担也仅是“协助”“配合”建设单位工作。

（2）项目投标前，应对项目相关审批文件进行严格审查，技术人员应对项目所在地资源情况进行踏勘调查，全面掌握项目背景信息和实际状况，必要时可聘请专业机构实施尽职调查，核实项目的真实性、合法性及合规性。

（3）项目用地应避免涉及基本农田、非法占用农用地、生态红线和水源保护区，如涉及应提前修改项目选址，确保土地性质符合国家政策法规要求和土地利用规划；涉及使用林地的，应取得省级林业部门核发的使用林地审核同意书；涉及草地的，应取得省级草原行政主管部门核发的使用草地审核同意书。

（4）项目永久用地部分，应当办理建设用地审批手续；占用土地涉及农用地转为建设用地的，应当办理农用地转用审批手续；不能以租赁方式代替建设用地审批，项目永久用地部分在开工建设前应取得建设用地规划许可证。

（5）对于权属不清或无权利证明的土地，应向当地国土部门核查土地确权情况及出租方是否有权出租土地，如无法核查的，在租赁合同中应约定土地问题引发的违约责任。

（6）项目用地以租赁方式取得，应签订租赁合同，合同主体应当至少包括村集体经济组织和乡镇政府，合同应附土地四至范围，落实青苗补偿或其他补偿的实际面积；使用农民集体所有的土地的必须提交村民会议三分之二以上成员或者三分之二以上村民代表的同意土地承包经营权流转和乡（镇）人民政府批准流转的材料；土地租赁期限须严格按照法律规定的租赁合同上限 20 年进行土地租赁合同的签订，若项目用地使用权超过 20 年，剩余的租赁期限可另行签订附期限或附条件生效的租赁协议，以锁定新能源整个发电生命周期。

（7）使用国有土地，原则上应以出让等有偿使用方式取得，但在取得县级以上人民政府依法批准的前提下，可以划拨方式使用国有土地，划拨使用土地需支付土地征地补偿相关费用，且土地使用权原则上不得转让、出租、抵押。

3. 一个都不能少——其他合法合规性手续问题

主要表现

（1）未办理环境影响评价手续。

（2）未办理压覆矿产资源审批手续。

（3）未办理相关文物和考古批复文件。

（4）未取得未占用军事设施证明文件。

（5）未取得水土保持批复文件。

（6）未取得节能评估批复。

（7）未办理洪水影响评价审批文件。

（8）未取得电网接入和消纳意见。

（9）未办理建设用地规划许可证。

（10）未办理建设工程规划许可证。

（11）未办理施工许可证。

法律后果

（1）在项目取得核准/备案文件后，应按规定取得上述支持性文件，才能开工建设，否则可能被政府相关部门认定为未批先建，被责令停工、拆除、罚款等行政处罚，还可能由此导致总包合同全部或部分无效。

（2）新能源项目未取得电网接入和消纳意见，将导致项目建成后无法接入电网并网发电，也就无法获得电价收益。

防范措施

（1）项目审批手续涉及部门较多，主要为项目开发手续（上述1~8项）和建设手续（上述9~11项），原则上，项目开工建设前应取得上述全部审批文件，避免出现未批先建。

（2）新能源项目取得电网接入意见是后续办理并网发电手续的前置条件，应在开发前期尽早取得电网接入意见。

（七）越俎代庖，腹背受敌——垫资施工

垫资施工，是指总包方利用自有资金为建设单位垫资进行工程项目建设，直至工程施工至约定条件或全部工程施工完毕后，再由建设单位按照约定支付工程价款的承包施工方式。

主要表现

（1）盲目承揽工程款收回无法律依据、资金来源无保障、项目资金未列入政府财政预算支出的政府投资项目，以及政府为降低负债，通过不具有资金支付能力的地方国有平台公司作为政府投资项目的实施主体，通过控股平台公司吸引总包方垫资施工。

（2）重订单，轻风险，超越公司资金承受能力，未开展法律和财务专项尽职调查，未进行风险论证和集体研究决策，为民营企业垫资施工。

（3）违反公司施工垫资管控制度规定，关于垫资额度的规

定，签订超额垫资合同。

（4）虽然符合公司施工垫资管控制度规定，并经公司充分论证、风险评估和集体决策同意垫资施工，但合同履行过程中未经批准擅自增加垫资额度，进行超额垫资施工。

（5）在建设单位项目资本金未到位或融资未落地的情况下，盲目启动大规模垫资施工。

（6）在建设单位无资金投入的情况下，以现金方式向建设单位提供履约保证金和预付款保证金，或超额提供保证金和诚意金，为建设单位项目贷款提供融资资本金，变相垫资施工。

法律后果

（1）垫资行为将造成公司应收账款金额快速增长，推高公司应收账款和资产负债率。一旦建设单位融资失败又无其他资金来源，或因其他原因无力支付工程款，总包方不仅项目垫资成本和预期收益难以收回，还将向下游分包方、供货商承担违约责任，“腹背受敌”，不利于公司可持续发展。

（2）总包方为新能源项目垫资，可能将总包方置于两难境地。新能源项目具有短平快的特点，且发生垫资的新能源垫资项目的所有权（开发权）往往是没有投资能力的民营企业。一方面如总包方垫资完成了项目投产发电，如果依靠售电收益支付总包垫资款和收益，如同“杯水车薪”，通过司法途径追索欠款，即使胜诉，也将面临漫长的强制执行过程，历时长、成本大且结果不可控；另一方面如总包方发生中途无力垫资导致停工的情况，不仅建设单位难以以未完项目获得贷款，且由于电站处于未完工状态，无法产生售电收益及获得国家补贴资金（如有），总包方的垫资款将更加难以收回。即使项目采取了股权质押、电费收益权质押等担保措施，走司法程序获得胜诉亦难以全额回款，因为未完工的项目通过司法拍卖的价值一般难以覆盖全部垫资款。

（3）在垫资总包合同有效的情况下，虽然总包方短期内难以收回工程垫资款和收益，但收回垫资款和利息成本的民事权利受法律保护。而合同无效的情况下，垫资施工，无权索要垫资利息成本。例如新能源项目未通过招标程序选定总包方，则总包方在工程验收合格的前提下可以要求业主（建设单位）折价补偿，但无权要求业主（建设单位）支付垫资利息成本，将给总包方造成资金损失。

防范措施

（1）资信调查。谨慎采用垫资模式施工，如根据公司制度可以在限定的额度范围内垫资施工，应在实施垫资前，做好项目的尽职调查，包括核实项目的合法合规性，建设单位的资信调查，资金来源渠道的可靠性调查，以及建设单位不能如期支付垫资款和收益时解决措施的可行性论证等。还应对垫资承受能力进行分析，充分考量垫资的安全性和“事前算赢”情况，应量力而行而非盲目抢占市场，杜绝盲目垫资负债经营。

（2）垫资担保。严格遵守公司关于垫资施工管控制度规定，经论证评估决策同意实施垫资承包施工的，建设单位除自身应具有充分的支付能力外，还应提供可靠有效的担保措施，如可变现的股权资产质押、固定资产抵押、国有控股银行提供的见索即付银行保函等，增加垫资回收保障。担保方式不能过于单一，同时优先选取容易变现的资产担保。

（3）违约责任。在签订垫资项目合同时须明确约定垫资款的归还时间、利息及违约处理方法。

（4）针对建设单位要求延期支付工程款的项目，要充分评估建设单位的履约能力，项目实施前制定并严格实施建设单位履约不能的风险管控预案。

（5）建立风险动态监管措施。对建设单位资信、资金支付能力等款项回收风险相关的情况制定动态跟踪措施，加强对相关风险的全周期管理，根据风险变化及时制定或调整防范措施，高度关注担保物的价值变化情况等，发现风险应及时停止垫资施工，避免风险扩大。

（八）保不住，担不起——违规提供担保

主要表现

（1）为建设单位融资租赁提供抵押、质押、保证或其他形式的担保。

（2）对外部无股权关系的合作方担保，或者超比例担保。

（3）未提供公司认可的反担保措施。

（4）开展带有隐性担保性质的业务，如公司与其他企业成为共同借款人。

（5）规避审批流程及外部监管，对外签订各类担保类文书。

（6）未经审批对外出具名为“承诺函”“安慰函”“流动性支持函”“差额补足函”等具有承担担保责任的法律文件。

法律后果

（1）对外担保可能对公司权益造成重大影响，未履行批准程序对外担保违反《公司章程》、集团公司《××对外担保管理制度》等公司财务管理制度，以及国有资产管理相关法律法规，属于违法、违规行为。

（2）如果被担保人未能及时还贷、未能按照贷款用途使用资金，或是触犯融资协议中特定违约事项，会导致公司承担担保责任，可能因承担债务而遭受重大损失。如果债务人资信不足，担保物价值减损、反担保缺失等，公司追偿权难以实现，可能引发国有资产流失。

防范措施

（1）对外提供担保应遵循合法、审慎、互利、安全的原则，符合相关法律法规、国资监管、上市公司监管，以及公司章程和内部规章制度等规定，履行审批程序，严格控制担保风险；

未经集团审批授权，公司不得办理担保业务，未经公司审批授权，公司所属二级单位不得办理担保和带有隐性担保性质的业务。

（2）提高责任风险意识，不盲目对外担保，在符合集团和公司担保规章制度的前提下，根据项目开展实际情况和被担保对象的经营及资信情况决定是否提供保证。确需提供保证的，尽量选择一般保证而非连带保证，或者在被担保人提供自物担保基础上提供保证，降低被担保人不能清偿债务时，公司作为担保人应承担的责任风险。

（3）严格执行公司财务管理制度中关于担保的各项禁止性规定：

① 不得对民营、私营及非国有资产成分的企业或自然人提供担保；

② 不得对集团外无产权关系的企业提供担保，对有产权关系的企业不准超股权比例提供担保；

③ 不得为取得融资而提供直接或间接、显性或隐性的外部信用担保,不得违规签订“抽屉协议”“阴阳合同”和兜底承诺等；

④ 不得为集团外企业向集团内金融平台提供还款承诺、信用支持等具有担保性质的文件；

⑤ 未经集团批准，公司与集团成员企业之间不得相互提供担保；

⑥ 不得与其他公司之间进行任何形式的外部银行保函、信用证、资信证明，办理抵（质）押担保、交缴保证金等经济活动行为。

（4）担保申请人有以下情形之一的，公司不得为其提供担保：

① 资金投向不符合国家法律法规或国家产业政策；

② 与集团公司或集团内其他单位逾期债务尚未解除；

③ 曾为其担保，而担保申请人发生过银行借款逾期、拖欠利息等情况，至本次担保申请时尚未偿还或不能落实有效的处理措施；

④ 有其他明显不良信用行为；

⑤ 存在重大诉讼仲裁或行政处罚；

⑥ 不按要求提供反担保措施；

⑦ 经营状况恶化、资不抵债，且没有改善迹象；

⑧ 公司认为不能提供担保的其他情形。

（5）禁止公司未经集团授权，以集团名义直接办理保函；

禁止公司所属单位未经公司授权，以公司名义直接办理保函；禁止开具无生效条款、无明确有效期限、保函受益人权益可转让、保函受益人与项目建设单位名称不一致、受益人所在国与中国未建立外交关系的保函。

（6）加强对反担保财产的管理，定期核实财产的存续情况和价值，确保反担保财产安全、完整。

（九）配合融资，陷阱重重
——违规配合建设单位融资租赁

主要表现

（1）答应建设单位不合理要求，融资租赁公司要求总包方为建设单位融资租赁提供连带责任保证或变相担保。

（2）建设单位要求总包方向融资租赁公司提供虚增或不实的租赁设备清单，获取更多融资额度。

（3）融资租赁公司为保障融资款的及时回收，要求总包方放弃法定的全部建设工程价款优先受偿权。

（4）融资租赁公司退出机制中要求总包方退还已经收取的设备融资款。

（5）融资租赁公司和建设单位为总包方设立和新增其他超出总包合同范围中不属于总包方的不合理义务和违约责任。

法律后果

（1）如果新能源总包项目合同项下设备属于暂估价，则总包方设备采购属于应招标项目，如果总包方未招标，则该设备采购合同无效，将影响融资租赁业务开展。

（2）一般总包合同、设备采购合同签订在前，如果融资租赁公司付款进度严重改变总包合同付款方式，可能导致总包方变相垫资。

（3）通常情况下融资租赁公司的退出机制会要求因总包方原因导致项目无法按期到货、按期完工，总包方应返还设备款，实际上将总包方与建设单位的责任进行深度捆绑，加大了总包方在原总包合同项下的履约风险。

（4）融资租赁公司在总包合同范围外为总包方新增违约金条款，加大了总包方违约风险。

防范措施

（1）如果总包合同项下设备属于暂估价中标，则总包方应采用招标方式与设备实际供货商签订下游《设备采购合同》，避免合同无效的风险。

（2）总包方权利义务转让的范围应尽可能局限在租赁设备所有权及租赁设备价款支付，且该租赁设备清单应与总包合同设备清单一一对应，不得虚增或不实，避免总包方过错。

（3）除融资租赁设备对应价款外，总包方建设工程价款优先受偿权不得随意放弃。

（4）出租人的融资支付进度应尽可能与总包合同约定付款进度保持一致，避免总包方变相垫资及对下违约风险。合同中应约定，若出租人未按约定支付租赁物价款，导致总包方经济损失及工期延误等损失，建设单位承诺按照总包合同约定向总包方承担违约责任。

（5）建设单位、出租人承诺，任何情况下，不因权利义务转让合同签订减损总包方的权益，不增加总包方的义务，不在总包合同约定范围之外新增违约责任条款，如果存在这种条款，以原总包合同约定为准。

（6）设备所有权转移的时间应至少为货到施工现场之日或者以后转移，而非出租人支付预付款后所有权转移，因为在此之前设备所有权还没有转移到总包方手中。

（7）如果因总包方原因导致融资租赁之设备无法按期到货或者项目无法按期完工，总包方除应按总包合同向建设单位承担违约责任外，不得再增加向建设单位和融资租赁公司返还设备款等违约责任。

（8）权利义务转让三方协议应逐字逐句一条一条地审核，任何情况下，避免总包方为建设单位融资提供任何形式的变相担保。

（十）身份不同，使命不同
——总承包单位主体身份限制

主要表现

（1）工程总承包项目的代建单位、项目管理单位、监理单位、造价咨询单位、招标代理单位，与工程总承包单位存在主体重合。

（2）政府投资项目的项目建议书、可行性研究报告、初步设计文件编制单位及其评估单位，与工程总承包单位主体重合（但政府投资项目招标人公开已经完成的项目建议书、可行性研究报告、初步设计文件的除外）。

法律后果

若上述相关主体存在重合，可能因为影响招投标公正性而被竞争者投诉，导致丧失投标人资格，或中标后被认定为中标无效，丧失业务机会。

防范措施

（1）在项目策划阶段应统筹考虑总包方在项目前期、后期业务机会的取舍，避免因相关主体重合而丧失优质业务机会。

（2）投标前应核实项目相关信息和我公司在该项目前期工作中担任过的主体身份，应尽可能避免主体重合投标，被投诉取消投标人资格。

二

招投标过程中的法律风险与防范

（一）招标前置不可无——应招标而未招标

主要表现[①]

（1）未履行招投标程序即发包 / 承包全部或者部分使用国

① 主要引自《必须招标的工程项目规定》（国家发展和改革委员会令第 16 号），《国家发展改革委关于印发〈必须招标的基础设施和公用事业项目范围规定〉的通知》（发改办法规〔2018〕843 号），以及《国家发展改革委办公厅关于进一步做好〈必须招标的工程项目规定〉和〈必须招标的基础设施和公用事业项目范围规定〉实施工作的通知》（发改办法规〔2020〕770 号）。

有资金投资或者国家融资的项目。如使用预算资金 200 万元人民币以上，且该资金占投资额 10% 以上的项目；使用国有企事业单位资金，且该资金占控股或者主导地位的项目。

（2）未履行招投标程序即发包 / 承包使用国际组织或者外国政府贷款、援助资金的项目。如使用世界银行、亚洲开发银行等国际组织贷款、援助资金的项目；使用外国政府及其机构贷款、援助资金的项目。

（3）未履行招投标程序即发包 / 承包不属于以上（1）（2）所列情形的大型基础设施、公用事业等关系社会公共利益、公众安全的项目。比如：

① 煤炭、石油、天然气、电力、新能源等能源基础设施项目；

② 铁路、公路、管道、水运，以及公共航空和 A1 级通用机场等交通运输基础设施项目；

③ 电信枢纽、通信信息网络等通信基础设施项目；

④ 防洪、灌溉、排涝、引（供）水等水利基础设施项目；

⑤ 城市轨道交通等城建项目。

（4）前面（1）（2）（3）所列项目中勘察、设计、施工、监理，以及与工程建设有关的重要设备、材料等的单项采购分别达到以下相应单项合同价估算标准，但未履行招投标程序的：

施工单项合同估算价在400万元人民币以上的项目；重要设备、材料等货物的采购单项合同估算价在200万元人民币以上的项目；勘察、设计、监理等服务的采购单项合同估算价在100万元人民币以上的项目。

（5）根据项目实际，以及行业标准或行业惯例，符合科学性、经济性、可操作性要求，同一项目中适宜放在一起进行采购的同类采购项目合同估算价合计达到前述四种估算价标准的，但未履行招投标程序的项目。

法律后果

（1）应招标而未履行招标程序所签订的合同无效，一旦发生纠纷，总包方无法正常通过合同约定要求支付总包款，必须在证明相关工程质量合格的前提下，方可参照合同关于工程价款约定进行折价补偿，加重了总包方的证明责任和诉讼成本，以及获取补偿款的不确定性。如果总包方无法证明“工程质量合格”，则要求折价补偿的请求难以获得支持；即使工程质量合格，总包合同“约定工程价款”中的利润、部分成本也存在折损风险。

（2）在民事纠纷层面之外，公司还可能收到行政主管机关的处罚，进而对后续市场经营投标等工作产生不利影响。

防范措施

（1）认真掌握和了解《招投标法》《招投标法实施条例》《必须招标的工程项目规定》（国家发展和改革委员会令第16号）、《国家发展改革委关于印发〈必须招标的基础设施和公用事业项目范围规定〉的通知》（发改办法规〔2018〕843号）、《国家发展改革委办公厅关于进一步做好〈必须招标的工程项目规定〉和〈必须招标的基础设施和公用事业项目范围规定〉实施工作的通知》（发改办法规〔2020〕770号）关于招投标的范围和程序性规定，保障项目生产经营合法合规。

（2）招投标前，对照上述第一项规定，准确识别项目是否属于应当招投标的范围，严格履行招标投标程序，避免合同无效。

（3）如果因特殊原因未履行招投标程序而签订了必须招投

标的总包合同，弥补合同无效后果的最有效也是最后一条措施，就是确保工程质量合格和按期完工，从建设单位获得折价补偿款。

（二）程序错，满盘皆错
——违反招投标程序规定

主要表现[①]

（1）招标代理机构违反法律规定，泄露应当保密的与招标投标活动有关的情况和资料，或者与招标人、投标人串通损害国家利益、社会公共利益或者他人合法权益的行为影响中标结果。

（2）招标人向他人透露已获取招标文件的潜在投标人的名称、数量，或者可能影响公平竞争的有关招标投标的其他情况，或者泄露标底的行为影响中标结果。

（3）投标人相互串通投标。包括但不限于：

① 投标人之间协商投标报价等投标文件的实质性内容；

① 主要引自《中华人民共和国招标投标法》《中华人民共和国招标投标法实施条例》。

② 投标人之间约定中标人；

③ 投标人之间约定部分投标人放弃投标或者中标；

④ 属于同一集团、协会、商会等组织成员的投标人按照该组织要求协同投标；

⑤ 投标人之间为谋取中标，或者排斥特定投标人而采取的其他联合行动；

⑥ 不同投标人的投标文件由同一单位或者个人编制；

⑦ 不同投标人委托同一单位，或者个人办理投标事宜；

⑧ 不同投标人的投标文件载明的项目管理成员为同一人；

⑨ 不同投标人的投标文件异常一致，或者投标报价呈规律性差异；

⑩ 不同投标人的投标文件相互混装；不同投标人的投标保证金从同一单位或者个人的账户转出。

（4）投标人与招标人串通投标。包括但不限于：

① 招标人在开标前开启投标文件并将有关信息泄露给其他投标人；

② 招标人直接或者间接向投标人泄露标底、评标委员会成员等信息；

③ 招标人明示或者暗示投标人压低或者抬高投标报价；

④ 招标人授意投标人撤换、修改投标文件；

⑤ 招标人明示或者暗示投标人为特定投标人中标提供方便；

⑥ 招标人与投标人为谋求特定投标人中标而采取的其他串通行为。

（5）为谋取中标行贿。

（6）投标人以他人名义投标。如使用通过受让或者租借等方式获取的资格、资质证书投标。

（7）以其他方式弄虚作假，骗取中标。包括但不限于：

① 使用伪造、变造的许可证件，提供虚假的财务状况或者业绩；

② 提供虚假的项目负责人或者主要技术人员简历、劳动关系证明；

③ 提供虚假的信用状况等。

（8）评标过程中，招标人违反法律规定，与投标人就投标价格、投标方案等实质性内容进行谈判，影响中标结果。

（9）招标人在评标委员会依法推荐的中标候选人以外确定

中标人，或者在所有投标被评标委员会否决后自行确定中标人。

法律后果

违反招投标相关法律规定将导致中标无效；根据该无效中标通知书签订的合同亦属于无效合同，合同无效的法律后果同本章第二类（一）“招标前置不可无——应招标而未招标”部分。还可能引发行政主管机关的处罚；若涉嫌犯罪，还将被依法追究刑事责任。

防范措施

应当严格遵守招投标法律法规，公平竞争。在参与项目投标时，禁止违规使用非本单位资质业绩，禁止虚构资质业绩，禁止篡改投标业绩的已完工项目合同金额、签约时间、开竣工时间和人员职务等项目信息。

（三）“低中标、勤签证、精索赔”的套路行不通了——投标时草率报价

主要表现

（1）对采用经审定批准的施工图纸、预算的固定总价合同招标，未充分核算、研究图纸及施工要求。

（2）未充分研究固定总价或固定单价合同风险内容及覆盖范围。

（3）未充分核算、研究招标文件、招标工程量清单、补充通知或澄清文件等，报价漏项或少算。

（4）忽视招标文件中工程量清单、项目工序和特征描述不准确等问题。

（5）未充分考量各类成本因素，盲目采取低价中标、高价结算的策略。

（6）未充分研究和考量市场及项目特点，盲目采用不平衡报价策略。

法律后果

（1）投标为总包方自主、真实的法律行为，除发生法律规定的特定情况，一般情况下建设单位发出中标通知书后，则招标文件、投标文件相关内容即在双方之间产生了法律效力。忽视合同边界条件的投标报价可能引发的成本、工期风险将由总包方承担，可能导致“履约赔本、解约赔钱”困局，总包方被迫只能在成本亏损和对上对下违约赔偿之间进行两难选择。

（2）现阶段合同层面呈现出变更条款约定愈加严格，合同价款覆盖风险范围愈加全面的特点；执行层面，建设单位、监理单位，以及工程审计单位对工程变更审核也越来越严苛，投标人“高价结算”“不平衡报价”等策略落空的风险极大。随着合同管理和成本控制越来越严，合同变更和增加成本预算越来越难，尤其对于 JR 项目和政府投资项目，对合同价款不审减已是万幸，增加合同价款几乎不可能；以往那种“低中标、勤签证、精索赔”的套路将越来越难走。

防范措施

（1）投标人在投标前应当对项目前期各类情况、招标文件内容，以及投标人自身的专业技术能力和经营管理水平等进行客观、全面的研究和考量。

（2）选择有资质的专业造价人或机构编制投标价。

（3）对招标文件中不清楚、不准确的问题，应当按照招标文件规定及时提请招标人澄清。

（4）充分考虑履约成本及各类风险因素后再行报价。

（四）聪明反被聪明误
——变更中标合同实质性内容

主要表现

（1）变更中标合同工程范围、建设工期、工程质量、工程价款等实质性内容。

（2）在中标合同之外就明显高于市场价格购买承建房产、无偿建设住房配套设施、让利、向建设单位捐赠财物等另行签订合同，变相降低工程价款的。

（3）签订黑白合同。包括但不限于：

① 招标人与中标人在签订中标合同之前以口头或书面方式明确，中标合同进行备案但不作为双方实际履行的依据，中标合同之外双方另行签订实际履行的合同；

② 招标人向中标人提出压价、增加工作内容等违背中标

人意愿的要求，以此作为发中标通知书或签订合同的条件；

③ 招标人与中标人不按照招标文件和中标人的投标文件订立合同。

（4）其他架空招投标程序，有意规避招投标制度并造成合同双方权利义务发生重大变更的情况[①]。

法律后果

背离中标合同实质性内容的合同无效，应按照备案的中标合同确定权利义务，作为结算工程价款的根据。订立背离合同实质性内容的协议还可能存在审减风险，甚至面临监管部门责令改正、罚款等行政处罚。

① 林镥海，曹红光，郦煜超．建筑商之孙子兵法【M】．北京，法律出版社，2019

防范措施

（1）严格按照招标文件和中标人的投标文件签订合同。

（2）慎重对待中标合同已约定的权利义务内容，确需变更时必须就变更的必要性进行充分的研究和述明。

（3）依法签订的补充协议应及时办理备案手续，避免被认定为“黑白合同”存在审减风险。

第二章
PART

合同签订阶段的法律风险与防范

一

合同主体法律风险与防范

（一）“猪队友”，坑你没商量——合作方资信、能力不足

主要表现

（1）合作方经营困难濒临破产、已破产或明显不具备履约和支付能力。

（2）合作方主要资产被查封、扣押、冻结或被抵押、质押，主要银行账户被冻结。

（3）合作方被公司列入信用黑名单或与公司存在重大法律纠纷未妥善解决。

（4）合作方与其他主体存在重大法律纠纷未妥善解决可能影响履约能力的、被列入失信被执行人黑名单。

（5）合作方存在其他资信能力不足的表现，且不能提供有效增信措施，或不具备承担相关权利义务，以及责任后果的能力等情况。

法律后果

若合作方存在上述情况，说明资信已经或将要恶化，丧失商业信誉,履约能力不足,如果盲目合作,合作方违约风险较大。如建设单位资信能力不足，总包方的工程款难以及时收回，导致对下履约被迫垫资或连锁违约；如联合体合作方资信能力不足，联合体合作方违约将导致总包方向建设单位承担连带赔偿责任；如分包方供应商资信能力不足，总包方向分包方、供应商付款后无法及时得到等价货物或服务导致对建设单位违约，均可能给公司造成严重的经济损失，还会对公司商誉和市场经营造成一定程度的负面影响。

防范措施

（1）向公司生产管理部、市场开发部及法律与风险管理部查询分包方和供应商的年度评价和是否与公司发生过法律纠纷。

（2）登录国家市场监督管理总局“国家企业信用信息公示系统”、最高人民法院“中国裁判文书网”“中国执行信息公开网”“信用中国”等查询合作方企业信用、涉诉案件信息。

（3）合作前，应对合作方进行财务、法律、履约项目等全方位的尽职调查。对于资信能力不足的合作方应要求扩充增信措施，如提供保函、增加共同债务人、提供抵（质）押担保等。

（4）对担保人进行上述前三项尽职调查，确定担保人是否具备担保能力。但须警惕：如合作方完全依赖担保方的企业资信与公司合作，证明合作方作为合同履约主体的资信能力欠缺，应避免合作。

（二）名不正，则言不顺
——与无权代理人签订合同

主要表现

（1）经办人（包括公司或其他市场主体，下同）非合作方的工作人员，却以合作方名义或代理人名义与公司洽谈和签约。

（2）经办人系合作方工作人员身份，但并未得到合作方的合法授权，即以合作方代理人名义洽谈、签约。

（3）经办人的授权委托书记载的授权期限届满，或超出授权范围与公司洽谈、签约。

（4）经办人在未取得合法授权的情况下以合作方名义与总包方进行了洽谈和签约，但合作方对洽谈和签约成果未予追认。

（5）合作方的法定代表人签订超越其职务行为的合同。

法律后果

（1）与没有经过授权或超越授权范围的人签订合同的，当对方公司不追认该合同时且无法证明其构成表见代理，该合同无效。总包方不能要求被代理的公司承担责任，只能要求代理人承担责任。如果合同标的数额较大时，代理人往往没有能力承担责任，将给公司带来严重损失。

（2）合作方的法定代表人签订职务行为之外的合同，不代表其所在公司，法律后果应由其本人承担，将导致无法向合作方公司主张权利。

防范措施

（1）合同前期谈判时，注意与对方有权部门负责人沟通；合同签订前，须核实对方经办人员的授权委托书及相关授权文件，要严格审查授权文件的真实性及授权范围，对法定代表人非职务行为应谨慎识别。

（2）如果签订合同后发现代理人没有相关授权文件的，总包方应尽快与对方协商，要求与合同相对方主体对合同效力进行确认。

（3）在 PPP 项目中，如实施机构为政府授权单位，应当核实实施机构已经取得县级（含）以上地方人民政府的授权文件，确保后期财政部门支付价款不受影响。

（三）擦亮你的慧眼
——与无签约资格的主体签订合同

主要表现

（1）与未经过工商登记、未领取营业执照的合伙组织、分支机构签约，或与没有合法授权的分支机构签订保证合同、抵押合同等法定需要特别授权的合同。

（2）与行政主体、企业内部的机关科室、职能部门签约。

（3）与项目部签约。

（4）与被吊销营业执照、进入破产程序的主体签约。

（5）与无资质或超越资质等级许可业务范围的主体签约。

（6）与自然人签订建设工程施工专业或劳务分包合同。

法律后果

（1）与不具备签约资格主体签订的合同，在排除表见代理情形外，较大可能会被认定为无效。

（2）若无资质或超越资质等级许可业务范围的主体未能在建设工程竣工前取得相应资质等级，应当按照无效合同处理，将造成公司其他合同的违约，给公司造成损失。

（3）与自然人签订建设工程施工专业或劳务分包合同无效，可能存在被认定公司与自然人之间存在雇佣关系，需承担工伤或人身损害赔偿责任的风险。

防范措施

（1）在签约前应当审核并在登录国家市场监督管理总局国家企业信用信息公示系统（http://www.gsxt.gov.cn/）中查询相关主体的工商登记信息；仔细核对相对方营业执照、安全生产许可证、资质等级证书、特殊行业行政许可证件等资质文件，查验原件，留存加盖对方公章的复印件，必要时可通过相关政府网站查伪。可以在合同中约定对方应确保其提供的资质性文件真实有效，以及若由此导致合同无效的违约责任承担方式。

（2）对于行政主体资格查询可通过当地政府官方网站查询或相关政府机关授权文件确认。

（3）与企业内部职能部门或者未领取营业执照的企业分支机构签订合同但尚未开始履行，应及时与对方公司签订补充协议对合同效力进行确认，或在原合同上加盖合同相对方企业的公章以确认合同效力。

（4）对正在履行的合同，除及时补救确认合同效力外，还应妥善保存履约过程中以对方单位名义出具的有关合同履行的函件，为以后发生的争议做准备。

（5）签订保证合同、抵押合同等需要法定授权的合同时，还应当要求该分支机构提供其法人单位的内部决策文件。

（6）禁止与自然人签订建设工程类合同或其他需要特殊行政许可业务合同。

（四）权力虽好，可不要滥用
——公司对外授权不规范

主要表现

（1）我公司知晓经办人以我公司名义与相对人交易，但未（及时）向相对人否认。

（2）我公司虽未实际授权，但以口头或其他形式向相对人表示行为人有代理权，相对人信赖该表示而与经办人交易。

（3）公司未在委托授权书中明确对行为人授权范围或期间的限制，或者变更、取消相关授权后未（及时）告知相对人。

（4）经办人职务变动、离职、代理权被撤销等原因致使丧失代理权，但未及时告知相对人并办理授权代表变更，行为人仍以我公司名义与相对人进行交易。

（5）公司各类印章（含电子印章）管理不规范，对各类印章使用授权不明确，边界不清晰，持有印章的二级机构、项目部、印章保管人随意盖章，或抠图盖章，开具介绍信，或在空白介绍信/委托书/合同文书上加盖印章。

（6）不具备独立对外经营资格的生产经营单位、分公司、项目部（以是否领取独立的营业执照为依据），超越权限，或者未履行公司内部审批程序擅自使用分支机构、项目部印章签订具有实质性权利义务约束的合同、协议，或出具影响合同效力、终止合同履行、调整合同范围和内容、变更合同价款、让渡合同利益等导致合同权利义务实质性变更的函件，或签订与此相关的包括但不限于补充协议、会议纪要、备忘录等文件。

法律后果

（1）公司员工在没有代理权、超越代理权或者代理权限终止后，仍然实施代理行为，相对人善意且无过失，并有理由相信该员工有代理权的，构成表见代理，代理行为有效，要由公司承担责任。

（2）未履行公司内部审批程序，擅自使用各类印章（含电子印章）对外签约，或出具重要函件、会议纪要、备忘录等文件，将对公司发生法律效力，公司应承担相应法律责任和不利后果。

防范措施

（1）在授权本公司内部员工对外签约或履行职务行为时，应在介绍信、授权委托书、合同等文件，尽量详细列举授权范围、授权权限、授权时间，一事一授权，授权内容必须具体且明确，授权要有明确的授权期限。禁止出具期限不明确，范围宽泛的授权书。

（2）公司员工离职或丧失代理权时，公司应及时收回其手中的授权委托书、介绍信等，在与其办理交接手续的同时，应向该业务人员负责联络的合作方发送书面通知，明确提示。

（3）持有公司印章（含电子章）的二级机构、项目部应严格遵守公司印章管理办法授权规定，由专人保管印章，严格履行印章使用内部审批程序。超越权限或未经审批，不得擅自对外用印。不得未经审批和授权留存电子印章，或将电子印章抠图盖章；不得在空白合同、介绍信上加盖公司印章，或者将印章借与他人使用，使印章脱离监督。

（4）在知晓冒名、越权等事项或印章、空白授权文件/介绍信/合同被盗、遗失等情况后，应及时向相对人澄清，必要时应进行登报公示、报警。

二

合同条款中的法律风险及防范

（一）做熟不做生
——总包方工作范围约定不合理

主要表现

（1）合同中总包方工作范围约定不明确，其总包方工作范围与建设单位的工作范围之间界限划分不清晰，或总包方工作范围出现漏项，导致双方在履约过程中发生工作范围、费用承担及工期等方面的争议。

（2）合同中约定由总包方负责办理项目全部开发手续和建设手续，如项目核准备案手续、土地征用及补偿手续、项目规划审批手续等，将本应由建设单位办理的相关事务转嫁总包方承担，增加了总包方的违约风险。

（3）总包合同中包含监理工作及费用，由总包方进行项目监理招标并签订监理合同、支付监理费用。

（4）为获取订单，向建设单位承诺总包方根本无法达到的目标，包括但不限于约定过高的质量技术标准、发电利用小时数、正常施工组织无法完工的超短工期、非出于拓展新市场战略为目标的严重低于成本价的报价方案等。

法律后果

（1）合同中对总包方的承包范围、内容约定不明的，容易导致在合同履行过程中产生争议，总包方在工程结算及纠纷解决中处于不利地位。

（2）原则上建设单位取得项目核准、备案手续后方可对外发包。若合同承包范围约定由总包方承担除项目核准、备案之外的全部前期开发手续和建设手续，则相关政府部门行政审批手续迟延，以及审批风险导致的工期、费用等责任均将由总包方承担，将大幅提高总包方的合同履约风险。

（3）工程监理单位与被监理工程的施工承包单位不得具有隶属关系或者其他利害关系。总包方进行工程监理的招标、签订合同及支付监理费用，存在合规风险。

（4）向建设单位承诺无法达到目标，必然会造成总包方违约，建设单位将追究违约责任和损失赔偿，情节严重的，将造成项目严重亏损，可谓“签约一时爽，履约万般难”！

防范措施

（1）工程承包范围及内容技术性比较强，应由设计、工程管理与造价相关人员共同参与界定，合同条款应当权责利约定清晰、工作范围约定明确。在合同专用条款部分不仅应明确总包方应承担的承包范围及内容，还应明确非总包方工作范围的具体内容，将总包方与建设单位的工作范围明确划分界限。

（2）如确因客观原因不得不扩大总包方工作范围的，应明确规避相关责任风险。如合同约定由总包方承担除项目核准、备案之外的全部前期开发手续和建设手续时，建议充分评估土地征用及补偿、项目规划手续、施工许可手续办理的难度、成本及时限。争取在合同中明确：前期手续办理因政府方等非总包方原因延误或者无法办理的，总包方不承担违约责任。

（3）如果总包合同中包含监理费用的，应将监理费用从总包合同中剔除，由建设单位直接与监理单位签订监理合同，向监理单位支付监理费用。同理，如果总包合同中包含招标代理费用、造价咨询费用或可研编制评估费用的，也应将这些费用从总包合同中剔除。

（4）总包方签约前，要对自身能力范围内的技术质量水平、施工组织能力、合理工期、风险影响程度等进行充分、理性的评估，在力所能及的范围内作出承诺；严禁为了获取订单，向建设单位随意承诺自身无法达到的目标，避免“签约就意味着违约”的情况出现。

（二）“不平等条约”
——合同风险分担显失公平

主要表现

（1）建设单位利用发包方优势地位设定“霸王条款”排除自身风险，将不属于总包方工作范围和相关风险由总包方承担。

（2）合同约定总包方负责项目前期手续办理，并就政府方原因等非总包方原因导致的延迟或审批风险均由总包方承担，并对总包方设定了严苛的违约罚则。

（3）有的合同约定“总包方已经预见并接受合同履约全部困难并承担相关费用和风险，建设单位不承担任何不可预见的困难和风险”。

法律后果

（1）将不属于总包方工作范围和内容的相关风险约定由总包方承担违反合同平等原则，造成合同双方权利义务不对等。

（2）项目前期手续办理，因政府方原因导致相关手续迟延或者无法办理的情况很常见，总包方很难控制，若对此设置严苛的违约罚则，总包方违约赔偿的风险非常大。

（3）将合同履约过程中的全部不可预见的困难和风险均纳入总承包范围，总包方履约风险非常大，可能会使总包方遭受重大的经济损失。

防范措施

（1）总包合同谈判和条款设置时应根据法律法规和合同主体的角色合理分担风险，避免建设单位“霸王条款”排除自身风险；避免将本属于建设单位工作范围和内容的相关风险约定由总包方承担。

（2）总包合同中建设单位应承担的风险主要包括：

① 主要工程材料、设备、人工价格与招标时基期价相比，波动幅度超过合同约定幅度的部分；

② 因国家法律法规政策变化引起的合同价格的变化；

③ 不可预见的地质条件造成的工程费用和工期的变化；

④ 因建设单位原因产生的工程费用和工期的变化；

⑤ 不可抗力造成的工程费用和工期的变化。

总包方应加强项目风险管理和合同履约管理，对于建设单位的风险范围，及时办理签证和索赔，包括工期索赔和费用索赔，尤其应重视工期索赔。

（3）根据项目现实情况，如确需由总包方办理项目前期手续的，总包方应充分重视项目前期手续办理的风险，签约前进行必要的尽调，充分评估风险发生的可能性，预判最坏的结果并制定预案。争取在合同中明确：前期手续办理因政府方等非总包方原因延误或存在审批风险的，总包方不承担违约责任。

（4）对于合同“不可预见困难和风险”条款，建议在签约前进行翔实调查并核实建设单位提供的现场数据资料，安排专家进行现场的实地勘查工作，以确保充分地了解项目所在地的实际情况和项目风险，包含技术、施工层面，以及项目许可、用工、政府环境、汇兑等方面，形成具有竞争力并能涵盖住项目可知和不可知风险的合同价格，避免报价缺项漏项造成成本上升带来损失。签约时确保合同中双方权利义务条款、工作范围条款明确和清晰，使“不可预见的困难”条款涵盖范围尽可能缩小。

（三）工期可顺不可违——合同工期问题

主要表现

（1）合同中与工期相关的名词表述前后不统一。如交工、完工、竣工、竣工备案等表述混用，节点不清晰。

（2）未在合同中明确工期总日历天（或工作日）或完工日期。

（3）未在合同中明确开工日期或者未约定开工日期确定方法。

（4）未在合同中明确完工日期、竣工日期的认定依据和方法。

（5）未在总包合同中约定明确的可顺延工期情形，如工程缺少必要的开工许可文件，建设单位提供的施工图纸、设计方案、施工方案确认滞后，建设单位未按约定提供施工条件、完成工作面移交，因停水停电、政府命令、不可抗力等因素造成的延误，可工期顺延。

（6）合同约定的工期显著低于合理工期。

（7）合同条款中未对建设单位拖延验收、审批等可相应顺延工期进行约定。

（8）总包合同约定了严苛的工期罚则，但对下的分包合同、设备采购合同中未对分包商和供应商设置相应的工期罚则。

法律后果

（1）工期作为施工合同的重要组成部分，受到多种因素的影响，在进行合同工期条款谈判和签约时如对工期约定不明，或者履约过程中不重视工期顺延签证办理，一旦出现工期争议，将会导致总包方缺乏工期索赔依据，承担工期违约赔偿责任等不利后果。

（2）分包合同、设备采购合同中未按照总包合同的工期罚则约定设置相应的工期罚则，将导致总包方履约风险无法得到合理转嫁和分担，一旦出现建设单位原因导致的工期延误，总包方将成为全部工期风险的"背锅侠"。

防范措施

（1）工期作为建设工程合同的重要组成部分，应当在条款设置时明确约定工期的相关概念和名词的定义，并确保使用前后统一，避免混淆；对于计划日期应进一步明确实际日期的确定依据和方法，如“计划开工日期，实际以监理发出的开工令日期为准”。因为竣工备案涉及多个政府部门专项验收程序，如缺陷责任期约定自“竣工备案完成之日”起算，将大大延长总包方缺陷责任期及质保金回款周期。

（2）导致延期的因素很多，为了规避总包方承担工期延期责任（因总包方自身原因导致延期的除外），合同中应当明确、详细约定工期顺延的具体情形，履约过程中总包方应加强对建设单位工期违约证据材料的收集，及时启动工期顺延索赔申请书、变更签证、工期索赔报告等，具体如下：

① 如建设单位缺少必要的开工许可文件，可以发出催告函，固化证据，并及时配合建设单位办理包括但不限于工程规划许可证、用地规划许可证、土地手续、开工许可证等文件；

② 如建设单位、监理单位对图纸、成果文件审核严重滞后，影响进度计划，应有书面证明文件注明交接包括但不限

于设计图、施工图、单位工程验收申请单、竣工验收申请单等文件的确切时间；

③ 建设单位如未能按约定提供施工条件，应收集书面证据，如发出告知函、形成土地事项会议纪要、拍照、摄像等，同时向其发函催告；

④ 如遇建设单位设计变更、方案调整，应当及时办理变更调整文件，如签订补充协议，明确约定变更的工期及费用调整，实现工期顺延。

（3）关于竣工日期条款，应当在合同条款中明确建设单位在收到总包方的验收申请后，应当及时组织竣工验收，否则应当设置相应的违约责任，督促建设单位进行竣工验收。针对建设单位未经竣工验收就擅自使用工程的行为，在合同条款设置时，应当明确“在工程竣工验收完成前，建设单位不得占有使用建设工程，否则将视为工程竣工验收合格，占有使用之日为竣工之日”。如发生类似情形，应注意留存建设单位签收竣工验收申请及竣工验收资料的证据，建设单位擅自使用工程的，应当留存建筑物转移占有使用的证据。

（4）如总包合同约定了严苛的工期罚则，则相应分包合同、设备采购合同中也应设置相应的工期罚则，进行整个项目履约链条上风险的合理分担。一旦分包商、供货商出现延误，应及时函告催促。一方面督促其完全履约；另一方面保存证据材料，应确保对上工期违约赔偿可对下追偿，有效控制总包方履约风险。

（四）糊涂价、糊涂干——合同价格约定问题

主要表现

（1）合同不约定金额或计价方式。

（2）虽然约定固定总价 / 固定单价，但不明确约定固定价覆盖风险范围、风险费用计算方式或风险范围外价格调整办法。对于非人为可控因素导致的价格剧烈变动没有约定价格调整方案。

（3）虽然约定了固定总价，但没明确约定总价对应的承揽范围及总工期日历天。

（4）约定了固定总价，但同时约定无论发生何种风险合同价款一律不予调整，或采用无限风险、所有风险及类似语句规定计价中的风险内容及范围。

（5）在约定了明确的固定价或费率等计价方式的同时，又

约定以对方审计结论作为结算依据。

法律后果

（1）合同价格条款约定不明确或前后冲突，使合同价格处于不确定的状态中，易造成双方计价争议，可能造成总包方履约完成但无法及时取得合同对价的不利局面。

（2）如合同未明确约定建设单位应承担的风险范围，仅约定总包方承担全部合同风险，则一旦不可预见风险爆发时，总包方承担的损失将难以挽回。

（3）在合同明确约定以审计结论作为结算依据的情况下，司法机关一般会支持合同约定。故如合同约定以审计价结算，则极有可能改变固定总价/固定单价/费率的约定，大概率会出现审减结论，使总包方的预期收益难以保障。审计程序也将延长工程结算款支付时间，形成应收账款。

防范措施

（1）按照项目实际情况约定明确的合同计价方式，并明确合同价款与风险覆盖范围的，充分评估合同风险事项，以及约定相关调价规则。

（2）约定公平、合理的风险分担条款，不得约定明显风险不合理或显失公平的内容。防范措施同本章第二类（二）"'不平等条约'——合同风险分担显失公平"部分。

（3）尽量避免约定以审计价结算，若确无法避免，则应尽可能对审计机构的双方选择、审计依据、审计范围和审计时限、审计异议的处理等进行约定。

（4）争取约定超期结算视为同意条款，约定最晚结算和支付时间，明确施工过程结算为竣工结算依据。

（5）在合同履行过程中对承包范围增减、工期调整、赶工、设计变更等所有可能引起合同价款变动的事项应及时办理签证，启动索赔工作，避免时过境迁无人问津。

（6）当审计结论不真实、不客观时，应及时沟通并提供反驳审计结论的证据，争取双方对审计结论达成一致意见。如审计结论与事实差距较大，总包方对审计结论难以认可，可通过争议解决途径，在司法程序中申请对工程造价进行司法鉴定[①]。

① 主要引自最高人民法院《2015年全国民商事审判工作会议纪要》第49条。

（五）十赌九输——对赌条款风险大

主要表现

（1）对赌，多是企业在危难或急于发展之时的城下之盟，有业绩对赌、IPO 对赌、发电量对赌及其他内容对赌。对赌双方各有所需，建设单位为了控制成本，早日发电收益，总包方为了锁定订单，获得总包利润；虽然双赢是双方共同追求的结果，但对赌协议“赌”字当头，意外和明天哪个先到，谁也不知道。实际上由于工程总包实现预期目标需要“天时”“地利”和“人和”等多种因素的综合作用，要完全满足对赌协议的全部指标和要求，总包方的胜算很低。

（2）新能源总包方，高估自己的合同履约能力，或随意答应建设单位的不合理要求，并在新能源总包合同中将总包方应获得的合同款与项目上网电价或电价补贴相挂钩，当因总包方的原因导致项目未取得约定的上网电价或电价补贴时，总包方实际获得的合同款金额将大幅度降低。

（3）脱离实际，向建设单位许诺以现有技术无法达到的发电利用小时数，或不考虑实际情况，随意答应建设单位关于发电利用小时数的不合理要求，并在新能源总包合同中将总包方应获得的合同款与项目发电利用小时数相挂钩。当发电利用小时数达到合同约定的发电指标时，总包方获得约定的合同款金额；当发电利用小时数未达到合同约定的发电指标时，总包方实际获得的合同款金额大幅度降低。

法律后果

新能源总包合同中约定“对赌条款”，一旦对赌条件被触发，将使总包方承担超出正常承揽工程外的巨大责任和风险，总包方工程款回收将直接受到影响，严重的将导致项目巨额亏损，入不敷出，且“对赌条款”风险一般情况下无法向下游分包方、供应商转移。

防范措施

（1）对赌条款又称估值调整条款，是投资方与融资方就未来不确定情形所作的约定，往往运用于投资协议中，原则上新能源总包合同中不得出现各种形式的“对赌条款”，若必须承诺发电量或电价，则合同中应进一步明确非总包方自身原因造成发电量或电价损失的免责条款和限制条件，如风光资源、甲供或指定设备、限电政策、不可抗力等因素触发对赌条款，总包方不承担责任。

（2）签订新能源总包合同时，应根据自身的实际履约能力，充分衡量收益与风险、合同价格影响因素，对自身实际履约能力应做保守评估而非乐观评估，合理约定工期，避免合同中约定总包方承担承揽正常工程范围外的不合理责任和风险。

（3）如项目实际控制人与收购人签订《预收购协议》，在建成并网后转让该项目，收购方常会要求总包方必须就项目电价或电量进行承诺，与总包方应获得的合同款挂钩形成对赌条款。在这种情况下，应由项目实际控制人与收购方在股权转让协议中进行约定,原则上总包方不应接受任何与工程质量和工期无关的“对赌条件”约束。

（4）禁止新能源总包项目将政策风险作为对赌条款的触发条件。新能源项目受国家政策影响大，该类风险具有不确定、不可控和不可预测性，一旦触发对赌条款，总包方将承担重大损失。

（六）约定不清晰，回款不容易
——合同支付条款问题

1. 收款，合同的终极目的：支付条件、节点和比例失衡

主要表现

（1）合同未约定明确的付款条件、付款时间和方式；付款条件不确定，难以通过总包方履约控制，如约定“建设单位融资到位、工程投资达到一定比例”等作为付款条件。

（2）约定的付款周期过长，付款进度节点过少，付款比例显著低于总包方履约比例，或者进度付款中扣留款项种类过多、比例过高。

（3）总包合同约定无预付款或者预付款比例过低，而对下分包合同、采购合同却约定不提供预付款保函直接支付预付款。

（4）对上与对下支付条款不匹配，收款金额不足以覆盖付款金额，导致总包方垫资。

（5）未约定开具发票的时间、发票类别（专票/普票）、税率等，财务处理缺乏必要的依据。

（6）支付方式约定为商业承兑汇票，总包方兑付该汇票无保障，合同款难以收回。

法律后果

（1）未约定明确的付款时间或者付款条件难以成就，可能导致建设单位违约责任难以界定，未及时支付工程款时，总包方难以及时主张付款请求，无法及时回款。

（2）约定回款周期过长，进度付款节点过少，付款比例较低，进度付款中扣留款项种类过多、比例过高，约定无预付款或者预付款比例过低，均可能导致总包方合同履行中不得不对下垫资，或者间接影响工程进度。

（3）商业汇票承兑风险较大，支付方式约定为商业汇票，或者对下分包合同、采购合同约定不提供预付款保函直接支付预付款，均可能导致一定程度的资金风险。

（4）未约定开具发票的时间、发票类别（专票/普票）、税率等容易引发税金争议，可能导致公司税务成本增加。

防范措施

（1）应在合同中约定明确的付款条件、付款方式和时间；避免约定不受总包方控制的支付条件，或者依赖建设单位的主观因素，或者其他形式的弹性条款作为付款条件。明确约定付款时间不超过总包方提交请款文件后若干日内。

（2）总包合同中进度付款节点的设置应当合理，尽量争取对总包方有利的节点和对应的付款比例。从总包方的角度，在招投标、合同签订的前期，以及合同履行中把握所有可能的机会，付款方式应坚持“划分宜细不宜粗、前大后小的基本原则”，尽可能划分多个进度节点，争取尽量将付款集中在项目的前期，以便及时回收总包款。

（3）预付款比例与工程进度相适应，原则上预付款比例应在10%~30%；禁止无预付款保函情况下向下游分包方、设备供应商支付预付款。

（4）对下合同应将提供合法、等额的发票（明确发票种类、税率）作为付款条件之一，未按约提供有效发票，总包方有权相应延迟付款且不承担逾期付款违约责任。

（5）原则上总包合同中应禁止接受建设单位的商业承兑汇票，从源头规避风险。

2. 用别人的过错惩罚我合理吗："背对背"条款

主要表现

在分包合同中约定以建设单位向总包方付款作为总包方向分包方付款的条件。

法律后果

（1）司法实践中，一方面有些法院认为“背对背”条款约定系附条件的民事法律行为，认可其效力；另一方面在具体司法案例适用中其效力又受到诸多限制。

（2）根据“合同相对性”原则，“背对背”条款多数被认定为付款条件“未约定或约定不明”，总包方仅以该约定为由拒绝向分包方付款，抗辩不成立。

（3）尤其在总包方怠于向建设单位进行结算或追索款项时，司法实践将否定“背对背”条款的法律效力，判定总包方应在合同履约完成后合理时间内向分包方付款。

防范措施

（1）分包合同中应对“背对背”条款向分包方进行明确的提示与说明，建立并留存提示说明的证据以证明分包方是充分理解并自愿接受“背对背”条款。例如在招标文件、合同中可对“背对背”条款加粗标注，对“背对背”条款进行风险提示，并可要求分包方出具承诺函作为合同附件。

（2）在履约过程中，总包方应加强对上、对下履约管理。积极向建设单位主张付款，只有对上收到款，对下才有款可付，尽可能避免因“背对背”条款引发争议。

（3）履约过程中，遇到建设单位付款延误或发现建设单位支付能力出现问题时，总包方应及时向建设单位催款，同时向分包方告知该情形，充分保障分包方知情权，并妥善保管往来文件。

（七）保函不担保——保函使用不当

主要表现

（1）未经充分风险评估和论证，向资信低下，项目资金未落实的建设单位擅自出具见索即付履约保函。

（2）建设单位不支付预付款，却要求总包方开具高额银行预付款保函。

（3）总包方已开具履约保函的情况下，仍要求提供预付款保函，总包方疏于审查或迫于接受建设单位的不公平要求，且两个保函有效期间存在重叠。

（4）预付款保函的金额不随进度款按比例抵扣递减，未明确约定预付款保函的生效条件和失效条件。

（5）总包方履约保函金额额度过高，履约保函期限涵盖质量保证期或者无明确失效期限，开具“敞口保函”。

（6）总包方对下支付预付款但未要求分包方、供应商开具履约保函或者预付款保函，或者接受分包方、供应商开具的保函内容不符合见索即付独立保函要求，或保函中设置了不合理的兑付条件。

（7）分包合同中未约定履约保证期间，未约定银行保函有效期届满前应续开保函，未约定总包方有权在分包方未及时续开保函时全额兑付保函。

（8）中标后没有及时索回投标保函原件；预付款扣回完毕后没有及时索回预付款保函原件。

法律后果

（1）独立保函为金融机构的单方付款承诺，仅需达到单据表面相符，保函受益人即可要求银行向其付款。未经充分风险评估和论证，向资信不足的建设单位出具见索即付履约保函，或在建设单位不支付预付款的情况下，要求总包方开具高额银行履约保函，若存在欺诈或恶意索兑可能，将引发严重资金风险，破坏公司金融资信，甚至造成国有资产流失。

（2）如合同不约定预付款金额随进度款同比例抵扣，可能导致预付款保函要到工程竣工验收后才能最终失效，担保期限过长，长期占用公司的银行授信额度。

（3）履约保函的额度过高，履约保函期限涵盖质量保修期或者无明确期限，或者履约保函与预付款保函存在较长时间重合，将扩大总包方担保范围、期限，加大了担保责任。

（4）对下支付预付款但不要求分包方提供相应的履约保函或预付款保函，分包方履约没有担保和制约，间接产生总包方对上违约风险；接受分包方出具的设置有特别兑付条件（如提起司法程序或取得司法确认文书等）的“非独立保函”将使保函的担保作用“形同虚设”。

（5）保函在分包合同约定的履约保证期内失效，总包方没有在保函有效期届满前要求分包方开新保函延期，且对旧保函未能及时兑付的，将会导致失去对分包方履约管控。

（6）担保事项消失后未及时索回保函原件，只要保函仍在有效期内，则保函兑付风险一直存在，如果保函受益人恶意索兑，将对公司造成经济损失。

防范措施

（1）为获取总包合同，约定不支付预付款，应谨慎向建设单位出具高额银行履约保函或预付款保函，尤其与民营资本合作更应慎之又慎，避免保函兑付被诈骗导致金融资信受损、国有资产流失。

（2）原则上履约保函与预付款保函争取只提供一个，合同中的预付款应尽可能提前随工程进度款扣除完毕，使预付款保函尽早到期失效；尽可能减少与履约保函相重叠的有效期限；建议设定预付款保函在收到建设单位全部预付款之时生效，同时设定金额随预付款扣减递减条款。

（3）总包方对上出具履约保函，保函条款中应对保函最高限额（一般为合同总价款的10%~20%）、有效期截止日期、兑付条件进行明确约定，并避免出具敞口保函；不应有“受益人可以随时单方面要求银行对履约保函延期”的类似约定。

（4）向分包方、供应商支付预付款时，应当要求分包方和供应商提供相应的预付款保函或履约保函。

（5）禁止接受分包方出具的设置有特别兑付条件（如提起司法程序，或取得司法确认文书等）的“非独立保函”。

（6）明确约定分包方、供应商出具的保函应当在履约保证期内一直有效，若在履约保函有效期届满前10日未提供新保函进行续保，总包方有权在届满前直接全额兑付保函金额作为履约保证金。

（7）建立对上对下保函台账，根据合同和保函条款的规定，结合项目实施情况，对保函类型、保函有效期、合同约定担保期、保函金额递减、保函延期、保函撤回、保函兑付、保函原件保存等进行规范管理，避免接受保函有效期届满失效、避免保函原件遗失。

（八）一个由变更引发的“血案”
——合同变更不合理导致总包权益丧失

主要表现

（1）合同变更的范围、事由，变更权行使程序没有约定或约定不明；没有约定变更的计价方法，或者约定变更的计价方式脱离合同计价原则，由建设单位自行决定。

（2）合同约定建设单位可随时提出任何其认为必要的变更，总包方需无条件执行建设单位的变更命令；或约定建设单位变更承包范围的，有权将部分合同内容另行委托第三方完成。

（3）对于建设单位提出的变更，没有任何费用和工期调整的约定，或者只约定工期补偿，明确不给予费用补偿，导致总包方成本增加侵蚀利润甚至可能导致亏损。

（4）固定综合单价合同中，将工程量偏差全部纳入总包方风险范围，约定无论工程量变更幅度（一般应为15%以内）大小，均不调整综合单价。

（5）合同中设置了“总包方未按规定程序和期限提出变更申请，视为相关变更不涉及价款、工期调整”的默示条款，而总包方因为管理粗放等原因，未及时提出变更申请，导致建设单位不予认可，总包方遭受经济损失。

法律后果

（1）若合同中未对合同变更条款作出具体、可操作性的约定，在项目实施过程中发生工程量变更、设计修改、材料更换等情形时，总包方对工程量、工期、费用申请变更、索赔缺少依据，将导致损失和纠纷。

（2）总包合同约定建设单位可变更承包范围，并不给予总包方费用补偿，或者约定固定综合单价无论工程量变更幅度大小，合同价格均不调整，或者合同中设置了未按规定程序和期限提出变更申请，视为相关变更不涉及价款、工期调整的默示条款，均将严重损害总包方预期利益的实现。

防范措施

（1）应当在合同中明确约定变更范围、变更程序等内容，如履约过程中出现重大变更情形，应及时启动变更程序。

（2）合同中应尽量限制建设单位的任意变更权，比如在合同中设定建设单位提出的变更指令必须满足的前提条件；明确约定总包方只执行建设单位签发的书面变更指令。

（3）合同中应争取约定由于建设单位原因变更导致总包方工期延误，或者发生额外费用的，工期相应顺延，建设单位应当给予补偿。

（4）建议合同中应明确约定变更的计价标准：如采用合同中相同或类似工作的计价标准；或实际发生成本加适当利润；或参照市场标准价格或双方协商等。

（5）要求经建设单位认可的变更金额在期中进度结算并及时支付，避免将变更价款留在最终结算时方支付。

（6）在合同履约过程中，针对涉及工期、工程量、价格、设计方案等重点内容变更，应当做好所有与变更有关的证据材料收集、整理、保存工作，并及时按照合同约定履行变更程序，保障总包方合法权益。同时，应当注意重大变化事项发生时，留存与建设单位沟通的相关证据，包括但不限于变更协议、往来函件、传真、会议纪要记录、监理日志，以及建设单位和监理方的各类指令和要求的资料，为可能发生的纠纷做好准备；与工作有关的沟通，应避免使用个人微信。

（九）亲兄弟，明算账——结算问题

主要表现

（1）不明确、不区分总包方进度款结算或施工过程结算、竣工结算等各类结算的申请结算周期/时间、提交结算资料格式和内容等程序要求，以及实质结算条件。

（2）合同中未约定监理单位、建设单位对结算资料的审核时限，以及“超期视为同意”条款。

（3）最终结算前的进度结算款支付比例不明或低于80%。

（4）约定总包方按进度结算金额而非实际支付价款金额开具增值税专用发票。

（5）约定签证、索赔等变更费用在工程完工后统一办理结算和支付手续。

（6）约定以建设单位的审计结论作为最终结算依据，将工程款的决定权让渡给建设单位，导致总包方因审减而利益受损。

（7）合同中没有区分“工程进度款结算”和“施工过程结算”，或者错将“工程进度款结算”当作“施工过程结算”。

（8）履约过程中将最后一期工程进度款结算等同最终结算，不重视最终结算程序，甚至缺乏办理最终结算手续的意识。

法律后果

（1）结算条款约定不明确将造成各类结算手续办理无合同依据，双方容易产生争议；无明确的结算审核时限约定也不利于总包方及时取得工程款保障工程进度，也不利于总包方以明确的节点证明监理单位、建设单位存在结算支付拖延行为。

（2）结算支付比例约定过低影响总包方回款，容易形成变相垫资；同时也会增加最终结算和支付难度，使总包方资金风险加大。

（3）总包方不按实际支付费用，而是按进度结算价开具增值税专用发票，将形成应收账款，增加公司应收账款和资产负债率。

（4）以建设单位的审计结论作为最终结算依据，总包方丧失对工程款金额这一终极目标的话语权，不适当的审减结论导致总包方合法利益受损。

（5）“施工过程结算”是指在工程项目实施过程中，双方依据合同约定的时间节点或进度节点，对本结算周期内已完成并经分部分项工程验收满足合同质量要求的工程内容（包括现场签证、工程变更、索赔等），开展的工程价款计算、调整、确认及支付等活动，是竣工结算的组成部分，未经对方认可，不得对已确认施工过程结算的部分重新核定。

（6）“工程进度款结算”侧重过程款项支付而非合同双方对已完工程量及价格的实质确认。鉴于目前“施工过程结算”还未能在工程实践中普遍运用，故若无明确的合同约定双方进行“施工过程结算”，司法机关一般不认可工程进度款结算即为工程造价结果。

（7）错将“工程进度款结算”当作“施工过程结算”系“一厢情愿”，若建设单位已支付工程进度款，其后期仍拥有调整相关款项的权利；若发生争议，则建设单位可采取拖延付款迫使总包方申请工程造价司法鉴定的诉讼策略，由此增加总包方逾期应收账款的时间成本。

防范措施

（1）总包合同应明确约定各类结算的实质条件和程序要求，如对结算资料格式和内容要求明确约定。

（2）总包合同应明确约定监理单位、发包单位对结算资料的审核时限，并约定合理的起算时间及超期视为同意的条款。

（3）总包合同中应约定签证、索赔等过程变更费用应在过程结算中同步计量、结算、支付。

（4）建议在合同中约定工程进度款结算或施工过程结算的支付比例不低于 80%。

（5）应在合同中明确约定按实际收款金额开具增值税专用发票。

（6）拒绝以建设单位单方审计结论作为最终结算依据，如根据实际情况确须以审计结论作为最终结算支付依据的，应由双方共同委托中介机构进行审计，并约定对审计结论有异议时的处理方案。

（7）应明确区分“工程进度款结算”和“施工过程结算”约定，根据工程实际选择适当的结算方式，避免混淆。

（8）“工程进度款结算”方式下，应注重最终结算环节，及时启动最终结算申请，签订《最终结算协议书》，为应收账款顺利回收做好铺垫。

（十）订单诚可贵，“知识”价更高
——知识产权条款问题

主要表现

（1）总包合同中约定总包方履约过程中产生的全部知识产权归建设单位所有，甚至在招标方案中写明投标方案的知识产权归招标人所有。

（2）总包项目存在甲供材，或者指定采购、指定分包，但总包合同同时约定，总包方应确保“甲指”项目所使用的全部技术和产品不得侵犯第三方知识产权，并由总包方承担由此引发的全部侵权责任和全部损失，没有相应的免责约定。

（3）总包合同约定总包方履约过程中产生的全部知识产权归建设单位所有，但分包合同中却约定分包商享有其履约中产生的知识产权，总包合同与分包合同中关于知识产权归属约定不一致。

（4）总包合同约定总包方不得在建设单位提供的技术上进行改进和创新；或者约定总包方在建设单位技术基础上进行后续技术开发，后续技术开发的知识产权成果归建设单位所有。

法律后果

（1）总承包项目通常在设计阶段会产生较多的知识产权，如技术诀窍、专利、图纸版权等。《著作权法》第 3 条明确规定工程设计图、产品设计图等图形作品和模型作品受著作权法保护。根据《专利法》《著作权法》的相关规定，在无约定的情况下，专利和著作权等知识产权归实际完成者所有。因此，若无知识产权权属约定，知识产权一般由谁创造就归谁所有，有利于总包方。反之，如果总包合同不区分权属内容而简单约定总包方履约过程中产生的知识产权均归建设单位所有，将有损总包方的权益。

（2）如果总包项目因甲供材，或者指定采购、指定分包部分发生知识产权侵权问题，但约定相关责任全部由总包方承担时，存在将本应由建设单位或分包方承担的侵权责任转移至总包方的风险。

（3）如果总包合同约定知识产权归建设单位，而分包合同约定知识产权归分包方所有时，将导致各方对同一项知识产权的归属产生争议，将为总包方带来知识产权纠纷风险。

（4）根据《民法典》第844条规定，订立技术合同，应当有利于知识产权的保护和科学技术的进步，促进科学技术成果的研发、转化、应用和推广。第850条规定，非法垄断技术的技术合同无效。《最高人民法院关于审理技术合同纠纷案件适用法律若干问题的解释》第十条规定，下列情形属于《民法典》第850条所称的“非法垄断技术”：限制当事人一方在合同标的技术基础上进行新的研究开发，或者限制其使用所改进的技术，或者双方交换改进技术的条件不对等，包括要求一方将其自行改进的技术无偿提供给对方、非互惠性转让给对方、无偿独占，或者共享该改进技术的知识产权。故如果总包合同约定“总包方不得在建设单位提供的技术上进行改进和创新”，或约定“总包方在建设单位技术基础上后续开发的技术知识产权归建设单位所有”，则该约定因违反法律强制性规定而无效。

防范措施

（1）总包方不应因短期利益，轻易放弃自身知识产权权益，建议根据建设单位对知识产权诉求的真实目的、知识产权的价值，以及形成知识产权而实际花费的成本等因素，与建设单位合理分配知识产权权益，争取知识产权归总包方所有或共同所有，实现双方利益的平衡。总包方可争取在合同中不设知识产权归属条款，约定以国家相关法律法规规定为准，从而以法律规定代替合同约定，间接实现总包方的知识产权利益。

（2）如果总包项目中存在甲供材，或者指定采购、指定分包，建议在合同中进一步明确约定，免除总包方因“甲指”而产生的知识产权侵权责任。

（3）分包合同中关于知识产权归属的约定应与总包合同中的约定保持一致，同一项知识产权的归属主体应明确共同所有或单方所有。应明确约定分包方履约不得侵害第三方知识产权，以及分包方侵权后的纠纷处理方式和赔偿责任。

（4）如果建设单位要求享有知识产权，是为了将来自己可以在项目上自行实施和改进，总包方可以授予建设单位技术使用许可，约定建设单位可以在合同项目范围内使用该技术，但不得转让和许可他人，在满足建设单位需要的同时，保护总包方的知识产权。

（5）项目业绩和获奖情况往往成为总包方获取市场订单的硬件条件，而丰富的知识产权成果则是获取市场订单的软实力。故在建设单位坚持知识产权归属其所有的情况下，总包方至少应在合同中明确“总包方享有相关知识产权的署名权，以及决定申报相关科技奖项的权利（根据项目实际需要列举）”，争取总包方关于知识产权的基本利益。

（6）住房和城乡建设部、市场监管总局《建设项目工程总承包合同（示范文本）》（GF-2020-0216）通用条款 1.10 知识产权约定，可作为公允的示范参考条款：

① 除专用合同条件另有约定外，由发包人（或以发包人名义）编制的《发包人要求》和其他文件，就合同当事人之间而言，其著作权和其他知识产权应归发包人所有。承包人可以为实现合同目的而复制、使用此类文件，但不能用于与合同无关的其他事项。未经发包人书面同意，承包人不得为了合同以外的目的而复制、使用上述文件或将之提供给任何第三方。

② 除专用合同条件另有约定外，由承包人（或以承包人名义）为实施工程所编制的文件、承包人完成的设计工作成果和建造完成的建筑物，就合同当事人之间而言，其著作权和其他

知识产权应归承包人享有。发包人可因实施工程的运行、调试、维修、改造等目的而复制、使用此类文件，但不能用于与合同无关的其他事项。未经承包人书面同意，发包人不得为了合同以外的目的而复制、使用上述文件或将之提供给任何第三方。

③ 合同当事人保证在履行合同过程中不侵犯对方及第三方的知识产权。承包人在工程设计、使用材料、施工设备、工程设备或采用施工工艺时，因侵犯他人的专利权或其他知识产权所引起的责任，由承包人承担；因发包人提供的材料、施工设备、工程设备或施工工艺导致侵权的，由发包人承担责任。

④ 除专用合同条件另有约定外，承包人在投标文件中采用的专利、专有技术、商业软件、技术秘密的使用费已包含在签约合同价中。

⑤ 合同当事人可就本合同涉及的合同一方，或合同双方（含一方或双方相关的专利商或第三方设计单位）的技术专利、建筑设计方案、专有技术、设计文件著作权等知识产权，订立知识产权及保密协议，作为本合同的组成部分。

（十一）承包人的不可承受之重
——总包方违约责任问题

主要表现

（1）建设单位和总包方违约责任不对等，对总包方违约责任约定较重、过于严苛。

（2）履约保证金（或保函）扣除、兑付条件过于广泛，总包方稍有履约失误就会成为建设单位兑付保函或没收履约保证金的理由。

（3）误期违约责任设置中间节点考核，考核违约金计取方式不合理；总包方每日或每次违约金额约定过高，超过了与项目利润值对应的合理比例，甚至约定总包方工期延误需赔偿由此导致的电量和电价损失，且没有最高限额。

（4）质量违约责任涉及设计、采购、施工等多个中间环节考核；项目整体性能考核条件及标准不客观，如项目所在地辐照、风资源异常变化，以此标准计算违约金不合理，扩大了总包方的风险范围。

（5）合同中不仅约定赔偿建设单位直接损失，还需赔偿其间接损失和预期可得利益，且没有约定总包方合同项下整体赔偿责任限额。

（6）合同约定总包方应同时承担违约金和赔偿损失，增加了总包方的经济负担，违反民事赔偿中的“填平式”原则。

法律后果

（1）对总包方违约责任过于严苛、责任过重、没有限额，很可能造成建设单位权力滥用，双方容易产生争议。一旦触发违约罚则将不利于项目顺利推进，甚至导致总包方项目亏损。

（2）如合同中设置发电量或电价保证条款，项目一旦出现发电量或电价损失，建设单位可能会根据合同约定向总包方追索，总包方的项目收益可能远无法覆盖赔偿金额，直接导致项目亏损。

防范措施

（1）合同中不应随意扩大扣除总包方履约保证金（或兑付保函）的范围；明确总包方违约行为性质和程度达到根本违约时，建设单位方可行使单方合同解除权。

（2）误期违约金的触发条件应限制在由于总包方自身原因导致的延误，并仅对关键里程碑的延期承担违约责任，且不同里程碑的误期违约金不重复计算。误期违约金的计取比例和额度应当合理，并约定此类违约金的最高限额。

（3）合同中不应出现设计、采购、施工等中间环节的质量违约金，明确对非总包方原因导致的性能考核或质量考核不合格的，总包方不承担违约责任。同时，应该设置质量违约金的计算方法和最高上限。

（4）合同中不仅应对总包方每项违约行为的违约责任设置限额，还应设置总包方合同项下总的赔偿限额，防止一旦出现严重工期延误、性能指标缺陷的情况，使总包方承担过度的违约赔偿责任。该责任限额应包括误期罚款限额、性能指标不达标罚款限额等合同项下所有罚则。设置累计赔偿最高限额不得超过合同价款的比例，应结合项目预期利润因素进行考虑。

（5）明确合同项下总包方的赔偿应只限于建设单位的直接损失，不包括电价损失等间接损失和预期可得利益。

（6）原则上不得在总包合同中出现各种形式的保发电量承诺，若招标文件要求承诺发电量，则在澄清答疑阶段及合同中应约定非总包方自身原因造成发电量损失的免责条款。如发电量承诺需要排除辐照、风资源、甲供设备、运维方责任、限电、政策、不可抗力等因素；更应注意在是否响应招标文件和总包合同中的发电量承诺条款时，应充分考量总包方的设计、采购和施工能力、履约组织能力和对分包方及供应商的管控能力，并对上述能力做保守估计后仍然确定可以不触碰发电量违约条款时，方可投标和签约。

（7）如必须约定发电量违约责任的，需明确发电量违约责任的触发条件，并应对保发电量承诺期间进行限制，发电量损失不应覆盖整个发电生命周期，同时应明确约定违约赔偿金上限。总包方发电量违约责任应平移至下游合同中，将履约风险进行合理分担。

（8）在有电价补贴的项目中，履约过程中要特别关注国家能源局和地方政府出台的相关补贴政策；新能源总包项目禁止对保电价补贴，或者最低电价进行承诺。

（9）需注意：根据法律规定，违约金和赔偿损失不可同时主张，赔偿损失以可预见性为原则。约定的违约金低于造成的损失的，人民法院或者仲裁机构可以根据当事人的请求予以增加；约定的违约金过分高于造成的损失的，人民法院或者仲裁机构可以根据当事人的请求予以适当减少。

（十二）责任过轻易引发道德风险
——发包方违约责任不明确或不对等

主要表现

（1）合同中未约定关于建设单位的任何违约责任，或仅对建设单位须承担的违约责任做原则性约定，建设单位违约后，无明确可操作的承担违约责任的约定。如“建设单位不履行本合同约定的责任和义务的，应承担相应的违约责任”。

（2）未约定建设单位延迟付款的违约责任或违约责任过轻，如约定“建设单位违反本合同造成总包方损失的，应向总包方赔偿损失，损失赔偿额最高不超过合同金额的0.5%”。

（3）因“甲供”或“甲指”设备未能按时供货，或甲方指定分包方违约等非总包方原因导致工期延误和质量问题的，合同中未明确约定为建设单位责任。

（4）在建设单位违约的情况下，没有给予总包方工期顺延，或者费用补偿的约定。

法律后果

（1）合同中不对建设单位的违约责任做明确规定，视为没有约定或约定不明；则只能适用法律规定，但法律上对违约责任规定笼统、抽象，操作性不强，故一旦建设单位违约，总包方将难以追究建设单位的违约责任。

（2）如合同中约定的建设单位违约责任过轻，将会导致建设单位的违约责任不足以弥补总包方的损失；更有甚者，因违约成本过低，有的建设单位可能会恶意违约以实现其不正当目的，最终受损害的还是总包方。

（3）如合同中对建设单位如何计算违约责任没有约定或约定不明，总包方向建设单位要求违约金没有依据，还会影响总包方暂停施工、赔偿损失、解除合同等合同履行抗辩权的行使。

（4）项目建设过程中，因建设单位未履行或未及时履行合同义务，如不及时支付工程款、不办理签证、不办理竣工验收。该种情况下如建设单位不予工期顺延或费用补偿，将导致总包方工期违约风险，还将引发总包方对下游分包方、供货商承担违约责任。

（5）“甲指”分包和材料供应如果不符合项目建设要求，仍应由总包方向建设单位承担违约、赔偿责任；总包方如以“甲指”为由拒绝承担违约责任，没有合法依据和缺少确凿证据，因为几乎所有“甲指”，建设单位均不会留下相关证据。

防范措施

（1）合同中对建设单位和总包方违约责任的约定应体现平等、公平原则，有明确的违约金或违约金的计算方法。例如延迟付款的违约责任可约定为：建设单位应付未付款项应按照贷款市场报价利率（LPR）支付利息；逾期支付超过56天的，应按照贷款市场报价利率（LPR）的两倍支付利息且总包方有权选择暂时停工或解除合同。

（2）合同对建设单位和总包方违约责任的约定要对等，在建设单位非常强势的情况下，要尽量争取对等，双方违约责任在违约范围、责任轻重上要尽量争取对等，不能差距悬殊。例如建设单位承担不超过合同额1% 的违约金，而总包方却承担不超过合同额10% 的违约金；总包方违约时应赔偿建设单位所有直接和间接经济损失，包括但不限于电价损失、补贴损失、预期利润、诉讼费、律师费、取证费等，而建设单位违约时，应赔偿总包方的直接损失且不超过合同额1% 等。

（3）应在合同中清晰界定建设单位和总包方的责任范围，明确约定因建设单位前期手续办理迟延、付款迟延、甲供材和甲供设备迟延或不合格、履约过程中相关手续办理延迟、项目用地等非总包方因素导致的工程逾期，总包方不承担责任，并可相应顺延工期，由此造成的损失，建设单位应予以补偿。

（4）对于甲供材和甲供设备应明确约定供货时间、供货数量和质量标准、交接点、卸货工作和费用承担主体，履约中总包方应严格履行甲供材和甲供设备的验收程序，以及质量异议的处理方案；对于因特殊原因不得不接受“甲指”分包方的情况下，仍要履行公司分包方竞争遴选程序，一视同仁签订分包合同，明确分包方的违约责任，加强对“甲指”分包方的履约过程管理，存在工程质量和工期问题应及时、严格处理，避免被“甲指”分包方“绑架”。

（十三）天有不测风云——不可抗力条款问题

主要表现

（1）随意扩大或缩小不可抗力范围，将不属于不可抗力的情形作为不可抗力，或将本属于不可抗力的情形排除在外。

（2）对不可抗力发生后的损失承担、工期延误等没有明确约定。

法律后果

不可抗力是法定免责条件，当因不可抗力导致不能实现合同目的（指合同无法继续履行，双方通过履约实现的预期目的无法达到）时，不可抗力还是合同的法定解除条件。因不可抗力条款约定不明或约定错误，在实际运用不可抗力时，可能会导致合同双方对免责事由认知偏差，该进行分担损失的没有分担，而由总包方全部承担，工期延误后无法得到合理的顺延，以及在合同解除方面产生纠纷。

防范措施

（1）制定合法合规的不可抗力条款，才能在不可抗力发生时避免争执。不可抗力条款应包括不可抗力的范围、处理程序、法律后果、合同终止或解除四个方面：

① 对不可抗力的范围可采用概括加列举的约定方式，具体列举的范围应根据项目实际情况进行罗列；

② 不可抗力发生后的处理程序应包括通知、证据提交等约定，通过详细约定，可以减轻证明不可抗力的难度；

③ 不可抗力后果的承担应包括损失承担的分配、是否延期、免责范围等；

④ 合同的终止或解除指在不可抗力发生后，双方继续履行合同存在难以克服的障碍，继续履行成本过高，或因其他原

因导致没有继续履约的必要时，应赋予建设单位和总包方终止或解除合同的权利。

（2）履约过程中如发生不可抗力事件，总包方应按照合同约定的时间发函告知建设单位，并在事件结束后尽快收集项目所在地政府权威政策和相关规定，收集整理总包方损失的相关证据。

（3）合同中应明确约定：因不可抗力影响总包方履行合同约定的义务，已经引起或将引起工期延误的，应当顺延工期，由此导致总包方停工的费用损失由建设单位和总包方合理分担，停工期间必须支付的工人工资由建设单位承担。

（4）合同中应明确约定：因不可抗力引起或将引起工期延误，建设单位要求赶工的，由此增加的赶工费用由建设单位承担。

（5）合同中应明确约定：因不可抗力停工的，总包方在停工期间按照建设单位要求照管、清理和修复工程的费用由建设单位承担。

（6）合同中应明确约定：因不可抗力导致合同解除的，建设单位应当支付：

① 合同解除前总包方已完成工作的价款；

② 总包方为工程订购的并已交付给建设单位，或建设单位有责任接受交付的材料、工程设备和其他物品的价款；

③ 建设单位要求总包方退货或解除订货合同而产生的费用，或因不能退货，或解除合同而产生的损失；

④ 总包方撤离施工现场及遣散总包方人员的费用；

⑤ 按照合同约定在合同解除前应支付给总包方的其他款项。

（十四）解约不易，谨防套路
——合同解除条款问题

主要表现

（1）合同赋予了建设单位单方任意解除合同的权利，或约定属于建设单位的宽泛的单方解除事由，但未明确约定总包方的解除权。

（2）合同中约定了对总包方严苛的解除条件。

（3）合同中未约定解除权行使的期限、方式及逾期不行使的后果。

（4）未约定总包方要求解除合同后的权利性事项，如建设单位的应付款项具体内容。

法律后果

（1）合同赋予建设单位终止合同权力过大，可能导致建设单位滥用权力，任意解除合同。例如总包方未全部完工，建设单位中途解约，可能导致总包方工程价款难以确定，产生工程回款风险。

（2）例如合同中没有约定总包方解除合同的权利或约定不明确时，会导致总包方难以根据合同约定行使解除权，只能建设单位达到根本违约程度，合同目的无法实现情况下行使法定解除权主张权利。

（3）例如未能在法律规定或合同约定的期限内行使解除权，或经对方催告在合理期限内不行使合同解除，则合同解除权利消灭，只能继续履行合同，此后如再要解除合同，可能会承担违约责任。

（4）解除合同的，建设单位与总包方之间因合同解除将产生后续权利义务，以及清算义务，如合同未明确约定上述权利义务的，合同解除后双方争议解决将缺乏合同依据，双方容易发生“扯皮”不利于总包方顺利回款，诉诸司法程序将加大总包方的时间和费用成本。

防范措施

（1）对于总包方容易出现违约情形的内容，应谨慎约定建设单位享有单方合同解除权，或约定较为严格的合同解除条件。例如约定：总包方违约达到根本违约导致合同目的无法实现时，建设单位有权解除合同。

（2）除约定严格的合同解除条件外，合同中应明确约定建设单位单方解除权的行使程序，避免相对方滥用权利。

（3）合同中应约定总包方享有单方合同解除权的情形，并将建设单位违约责任与总包方单方合同解除条款相衔接，同时对承包解除合同后，建设单位工程价款支付进行明确约定。一般情况下，在建设单位有以下情形时，总包方享有单方解除权：

① 未按约定支付工程价款后，经催告后一定期限仍未支付的；

② 建设单位提供的主要建筑材料、建筑构配件和设备不符合强制性标准又不予更换的；

③ 不履行合同约定的协助义务导致总包方无法继续履约的；

④ 因建设单位原因停工后一定期限内不能复工的。

（4）应在合同中对于解除权的行使期限、方式及逾期不行使的后果予以明确约定。

（5）合同解除后，对总包方来说最重要的是建设单位的付款事宜，因此应在合同中明确约定建设单位的应付款的结算方案、付款方式、付款期限和违约责任等具体内容，有利于总包方及时回款。

（十五）管辖利益应重视——争议解决条款问题

主要表现

（1）合同没有约定具体的争议解决机制，对争议解决仅约定为“双方友好协商解决”。

（2）合同争议解决条款同时约定了仲裁和诉讼两种解决方式，仲裁和诉讼两种纠纷解决方式只能二选一。

（3）建设单位利用其当地优势地位，将合同争议解决约定由其所在地仲裁机构管辖。

（4）在约定诉讼作为争议解决的方式时，违反级别管辖或专属管辖，如建设工程领域纠纷，未将争议管辖法院约定为工程所在地有管辖权的人民法院，而是约定在工程所在地法院以外的其他法院诉讼。

（5）在约定仲裁作为争议解决的方式时，仲裁条款约定不规范，如未能明确约定真实、完整、正确的仲裁机构名称，或仲裁机构指向不唯一，指向不明。

法律后果

（1）争议解决方式未约定或约定不明，可能导致纠纷发生时双方产生管辖争议，违约方出于拖延目的将管辖争议作为诉讼或仲裁策略，增加诉讼成本，延长解决纠纷的期限，不利于快速解决争议。

（2）当前我国仲裁制度下，总包合同约定由建设单位所在地仲裁机构管辖，仲裁结果的公正性难以保障，可能对总包方不利。

（3）总包方对下设备采购合同争议解决方式未做约定或约定不当，将白白浪费自己的市场优势地位，一旦纠纷由供应商所在地法院管辖，案件审理结果将可能对总包方极为不利。

（4)合同争议解决条款同时约定仲裁和诉讼两种解决方式，视为没有约定；诉讼约定违反级别管辖或专属管辖的无效；仲裁管辖机构约定指向不唯一，约定也无效，视为没有约定。

防范措施

（1）合同中不得同时约定仲裁和诉讼，选择仲裁方式时，应仅对仲裁机构进行明确约定，不得再约定管辖法院。

（2）总包方签订合同约定争议解决管辖时，原则上应选择诉讼解决方式。除专属管辖外，诉讼解决应优先选择总包方所在地有管辖权人民法院管辖，便于总包方处理法律事务，降低维权成本。

（3）建设工程合同纠纷为专属管辖，应约定由“工程所在地有管辖权的人民法院管辖”；总包方对下设备采购合同纠纷解决，必须约定由“买方住所地有管辖权的人民法院管辖”。

（4）如果合同中约定由合同签订地，或者合同履行地法院管辖的，应在合同中将合同签订地、合同履行地明确至区县级人民法院管辖。

（5）如采用仲裁解决方式，须明确约定真实、完整、正确的仲裁机构名称，仲裁机构必须确定且唯一，尽量约定国内知名的仲裁委员会，如北京仲裁委员会、上海仲裁委员会、广州仲裁委员会、深圳国际仲裁院或中国国际经济贸易仲裁委员会。可直接引用所选择的仲裁机构推荐使用的仲裁条款标准格式，避免不必要的争议。应避免选择建设单位所在地或项目所在地的地方仲裁机构管辖。

（十六）让我找到你——送达条款问题

主要表现

（1）合同中缺失送达条款，未约定各类文书的送达方式、送达地址及联系人，或者未约定合同送达条款视为司法送达地址。

（2）合同双方在合同中未约定送达地址、联系人员信息变更时需履行通知义务。

法律后果

（1）履约过程中在建设单位和总包方之间要发生大量的各种文件和信函往来，将相关资料顺利送达给建设单位，这既是建设单位了解总包方意思的必要条件，也是表达总包方主张权利、履行义务和回应建设单位函件内容的不可或缺的途径。如果合同中缺少送达条款，或者送达条款缺少地址、联系人信息、电子邮箱等内容，则无法准确确定何种形式的通知为有效的送达，或者通知何时发生送达效力，也无法有效地证明总包方已经将相关信息告知送达建设单位，可能导致总包方承担不利后果。

（2）如果未约定合同送达条款视为司法送达地址，一旦发生纠纷，建设单位拒收或所送达地址查无此人，可能导致相关司法文书无法顺利送达，则需要采用公告送达方式，造成诉讼程序拖沓、延长。

防范措施

（1）有效的送达条款非常重要，应在合同中明确约定送达地址、联系人、联系电话等信息，并约定该联系方式可作为法院或仲裁委法律文书的送达地址。同时，明确约定送达地址变更时需履行通知义务，如未及时通知，则寄送至原地址的函件视为正确送达，相关后果由怠于通知方自行承担。

（2）送达条款一般应约定：通知送达的时间，视送达的方式而定，如当面递交的，递交当时即视为送达；采用快递的方式送达的，快递交邮之日起 3 日内即视为送达；传真的方式送达的，传真发出之时即为送达；电子邮件送达的，邮件发出时视为送达。

第三章
PART

履约阶段的法律风险与防范

一

分包管理的法律风险与防范

（一）发包错，步步错——违法发包

主要表现

（1）建设单位将工程发包给个人或不具有相应资质的单位。

（2）建设单位将一个单位工程的施工分解成若干部分发包给不同的施工总承包或专业承包单位的。

（3）建设单位依法应当招标未招标或未按照法定招标程序发包的。

（4）建设单位设置不合理的招标投标条件，限制、排斥潜在投标人或投标人的。

法律后果

建设单位的上述发包行为，以及由此签订的合同无效，建设单位还将面临行政处罚的法律风险。

防范措施

建设单位应当重视发包方式的选择，严格按照相关要求合理设置招标文件内容，保障招标过程公开、公平、公正。

（二）工程建设不是“击鼓传花”——转包

主要表现

（1）总包方将其承包的全部工程转给其他单位（包括母公司承接建筑工程后将所承接工程交由具有独立法人资格的子公司施工的情形）或个人施工。

（2）总包方将其承包的全部工程肢解以后，以分包的名义分别转给其他单位或个人施工。

（3）施工总承包单位或专业承包单位未派驻项目负责人、技术负责人、质量管理负责人、安全管理负责人等主要管理人员，或派驻的项目负责人、技术负责人、质量管理负责人、安全管理负责人中一人及以上与施工总包单位没有订立劳动合同且没有建立劳动工资和社会养老保险关系，或派驻的项目负责人未对该工程的施工活动进行组织管理，又不能进行合理解释并提供相应证明。

（4）合同约定由承包单位负责采购的主要建筑材料、构配件及工程设备或租赁的施工机械设备，由其他单位或个人采购、租赁，或施工单位不能提供有关采购、租赁合同及发票等证明，又不能进行合理解释并提供相应证明。

（5）专业作业承包人承包的范围是总包方承包的全部工程，专业作业承包人计取的是除上缴给总包方“管理费”之外的全部工程价款。

（6）总包方通过采取合作、联营、个人承包等形式或名义，直接或变相将其承包的全部工程转给其他单位或个人施工。

（7）专业工程的发包单位不是该工程的施工总承包或专业承包单位的，但建设单位依约作为发包单位的除外。

（8）施工合同主体之间没有工程款收付关系，或者总包方收到款项后又将款项转拨给其他单位和个人，又不能进行合理解释并提供材料证明。

（9）两个以上的单位组成联合体承包工程，在联合体分工协议中约定，或者在项目实际实施过程中，联合体一方不进行设计、采购和施工，也未对施工活动进行组织管理的，并且向联合体其他方收取管理费或其他类似费用。

（10）总包方承揽工程后，与其没有任何隶属关系的个人签订《内部承包协议》，只收取管理费，不直接参与工程的实际施工和对工程进行统一管理。

法律后果

（1）法律明令禁止转包，转包合同无效。

（2）转包行为往往伴随着项目管理混乱、工期拖延、质量安全事故频发，总包合同被建设单位解除或终止，法律纠纷层出不穷等问题，总包方还将会面临资质方面的行政处罚，以及管理费等非法收入被收缴等不利后果。

（3）转包合同无效，可能引发实际施工人纠纷案件。实际施工人可以起诉直接向建设单位、总包方及转包人索要欠付工程价款，同时申请司法机关采取财产保全措施，冻结建设单位、总包方、转包人公司银行账户。建设工程实际施工人案件一般涉案金额较大、案件处置周期长，司法机关的财产保全措施网上公示记录将对其他市场投标活动产生不良影响。

（4）如转包单位不具有劳动用工资格，总包方还可能承担其招用的农民工的用工主体责任，如农民工工资支付、工伤保险责任等。

防范措施

（1）转包将使总包方丧失对工程质量、进度和安全风险的掌控，总包方收取的微薄的“管理费”不足以弥补转包风险所带来的损失，属于典型的“收小益、担大责”，应杜绝各种形式转包。

（2）分包合同履行过程中，总包方应加强对分包商履行分包合同情况的监督和检查，防止分包商将工程转包，一经发现应立即予以纠正，拒不纠正的，应按照分包合同约定进行违约处罚或解除分包合同。

（3）避免出现“母公司将承接的工程交由子公司实施”的情形，可以采取以下方法：一是在投标阶段，母公司可与子公司组成联合体承包工程，但应注意不可在分工协议中约定，或者在项目实际实施过程中发生联合体一方不进行施工亦不对施工活动进行组织管理的情形；二是母公司在承接项目工程后，可以通过合法分包的方式将部分非主体工程的施工交由子公司予以完成。

（4）总包方严格管控项目质量及安全作业，保障施工质量、安全和进度。确保分包商具有合法的资质和良好的履约能力、管理规范。进入项目现场的人员应尽可能施行实名制管理，要求分包商提供主要工作人员劳动合同及社保证明文件，核查分包单位为其他工作人员依法缴纳社会保险、工伤保险，或者商业意外险的情况，避免分包商转包工程引发项目整体履约风险。

（三）工程可以分包，分不了的是责任
——违法分包

主要表现

（1）总包方将建设工程分包给个人或不具备相应资质的单位。

（2）总包合同中明确不允许分包的工程，又未经建设单位认可或同意，总包方擅自将其承包的部分建设工程交由其他单位完成。

（3）总包方将建设工程主体结构的施工分包给其他单位。

（4）专业分包单位将其承包的专业工程中非劳务作业部分再分包的。

（5）勘察设计合同中未有约定，又未经建设单位认可，设计人将其承包的部分勘察设计交由其他单位完成的。

（6）以劳务分包为名承接工程的违法分包行为，即劳务分包人除劳务费用外还计取分包工程主要建筑材料款、周转材料款和大中型施工机械设备费用。

法律后果

（1）违法分包工程违反《建筑法》及相关法律法规禁止性规定，由此签订的合同无效。

（2）违法分包其他法律后果同本章第一类（二）“工程建设不是‘击鼓传花’——转包”部分。

防范措施

（1）严格执行国家相关法律法规关于分包工程的规定，依法进行分包，分包单位应当具有完成分包工程相应的工程资质，分包行为应当征得建设单位同意。实行施工总承包的，建筑工程的主体结构不能分包，应当自行完成。

（2）总包方应加强对分包单位的履约管理，确保分包工程履约符合总包合同规定的标准和要求，包括但不限于工程质量目标、工期目标、里程碑时间节点目标、专业技术规范规程、行业标准与质量验收标准等。

（3）总包方应加强对分包单位履行分包合同情况的监督和检查，要求分包单位提供其主要工作人员劳动合同及社保缴纳证明，防止分包单位将工程再分包。一旦发现再分包的，总承包单位应及时予以纠正，若给总承包单位造成损失，除追究其违约责任直至解除分包合同外，建议将其列入公司供应商黑名单予以惩戒。

（4）总包方应加强农民工实名制管理。对出入项目现场的农民工实行出入打卡记录，监督和保障项目现场农民工工资支付到位，避免因违法分包问题引发农民工工资争议或群体事件，给总包方造成损失和不良影响。

（四）挂羊头卖狗肉——挂靠

主要表现

（1）允许不具备资质能力的公司借用公司名义参与投标、承揽项目，中标后，公司作为总包方，将项目转包给该公司，仅收取管理费或部分供货，不参与项目管理，或委派少数人进行形式上的管理。

（2）有资质的施工单位相互借用资质承揽工程的，包括资质等级低的借用资质等级高的，资质等级高的借用资质等级低的，同级相互借的。

（3）把分包商冠名为本企业下属单位等挂牌行为。

（4）将资质、业绩、人员等提供给股份公司以外的公司，参与项目的资审、投标或竞争性谈判等。

（5）通过名义上的联营、合作、内部承包等其他方式变相允许他人以本企业的名义承揽工程。

（6）为扩大业绩规模、获取收益、保留资质等目的，默许、纵容、支持所属单位开展、保留违规挂靠业务。

（7）属于转包行为中的3~9项规定的情形，有证据证明属于挂靠的。

（8）以内部承包之名行挂靠、违法分包、转包之实。

法律后果

（1）我国《建筑法》法律明令禁止“挂靠”，以资质出借方（简称出借方）名义订立的工程施工合同或分包合同无效，出借资质收取的“管理费”为违法所得，不受法律保护。

（2）资质借用方（简称借用方）承揽工程不符合规定的质量标准或发生安全事故，造成损失的，出借方应向发包方或第三人承担连带赔偿责任。根据实践，赔偿责任多由出借方履行，且很难向借用方进行实质性追偿，出借方所承担的损失远远大于获得的收益。

（3）如借用方不具备用工主体资格，出借方还将存在对借用方招用的农民工承担用工主体责任的风险，包括社保、工伤责任等。

（4）出借方还存在被法院判令对借用人以出借方名义与外部发生的承揽工程项下的劳务费、设备租赁、材料欠款等承担直接偿付责任。

（5）公司出借资质的将可能被处以高额行政罚款、责令停业整顿，甚至吊销资质证书。

（6）公司也会因借用方频繁涉诉、被采取保全措施，影响资金流动及新项目投标、影响已有优质项目建设。

（7）出借方作为备案的施工方，依法负有纳税义务。一旦与借用方对于税务成本负担约定不明，借用方从建设单位直接取得工程款后未开具发票，还可能导致出借方最终承担高额的税务成本。

防范措施

（1）谨慎处理与其他单位和个人的合作，禁止出借本企业资质，避免公司被认定为“挂靠”。

（2）严格执行本单位资质证明文件的使用管理办法，防止公司资质被他人盗用。

（3）审慎选择分包商，禁止与“挂靠”企业合作。加强对分包商的履约管理，要求分包商提供项目工作人员劳动合同及社保证明文件。一旦发现分包商系“挂靠”应及时予以纠正，迫使其切实承担合同履约责任，保障合同履约质量，否则应考虑终止合作。

（五）不要让“甲指”成为“圣旨”——发包方指定分包、采购

主要表现

（1）总包方根据建设单位口头指示和要求选择和使用特定分包单位、设备供应商（合称指定分包），建设单位不对指定分包事实向总包方出具任何书面指示文件。

（2）建设单位指定分包商、供应商不具有相应的工程资质或履约能力不足。

（3）指定分包商、供应商直接与建设单位对接，不服从总包履约管理安排，或者总包方仅作为代收代付，或者建设单位绕过总包方直接向指定分包商、设备供货商付款。

法律后果

（1）建设单位指定分包出现工程质量、工期逾期等问题，应当承担过错责任。例如建设单位指定分包但又拒绝向总包方出具任何书面文件，则总包方因“举证不能”将无法向建设单位主张质量过错责任，总包方“投诉无门”。届时，建设单位一定会保持沉默或拒不承认指定分包。

（2）指定分包合同内容、付款、相关权利义务的确定，均由建设单位与指定分包单位确定，总包方被迫接受，但从法律层面而言指定分包又与总包方产生分包合同关系，如果建设单位指定的分包商不具备相应的施工资质，或者履约能力不足、工期逾期等，则总包方应承担违法分包，以及与指定分包商向建设单位承担违约连带责任的法律后果（违法分包承担连带法律责任）。

（3）如指定分包人不服从总包方的指挥和管理，或者建设单位直接向指定分包商支付工程款时，总包方对指定分包商缺少资金支付制约，可能导致总包方将被“架空”，使总包方丧失项目履约控制权，甚至受到建设单位和指定分包商双面“夹击”，导致总包方工程质量、进度、安全风险难以有效控制，甚至陷入履约“僵局”。

防范措施

（1）总包方应要求建设单位出具书面指定文件，如招标文件、合同、会议纪要、函件中明确指定分包商名称、分包工程范围、设备型号、价格等核心内容。

（2）总包方应严格审查建设单位指定的分包人的资质和实际履约能力，如果该指定分包人为个人，或者不具备分包工程所要求的资质、“挂靠”资质或是没有履约能力的，总包方应当明确拒绝，防止盲目接受带来不利后果。

（3）总包方应对指定分包商加强履约管控：

① 总包合同、指定分包合同中均应明确约定指定分包商应无条件接受总包方的管理；

② 禁止建设单位不经过总包方书面同意直接向指定分包商支付任何合同款项，并特别约定相应的违约罚则；

③ 指定分包商必须向总包方提供与分包工程相应的履约

保证金或履约保函，确保总包方对指定分包商的控制权。

（4）如迫于无奈不得不接受指定分包的，在分包合同中总包方的利润必须高于项目利润测算比例，禁止“平进平出”和微利分包。

（5）总包方应按照总包合同及指定分包合同的约定，加强对指定分包商履约的过程监督和控制，严格履行管理职责，强化对指定分包工程施工、供货进度、安全、质量、工程款支付及资料管理，收集并固定与指定分包商之间往来函件、签证、会议纪要等原始书面凭证。

（6）在总包合同中应明确指定分包商违约情况下的总包方质量免责条款，以及指定采购设备逾期到货情况下的总包方工期免责条款。

二

施工管理的法律风险及防范

（一）要敢于对甲方说“不”
——对发包方违约行为处置不当

主要表现

（1）在建设单位发生违约或不完全履行合同义务时未及时提出异议，未采取针对性措施规避风险、行使权利。

（2）在符合合同约定及法律规定的情况时，未在有效期间内向建设单位行使工期顺延、费用索赔等权利。

（3）在满足付款条件的情况下，未及时向建设单位主张付款权利，未在诉讼时效期间内采取有效措施催收应收账款，导致应收账款大量沉淀，形成潜在损失。

法律后果

（1）在建设单位发生违约时，总包方不及时提出异议和采取应对措施，将影响总包方履约质量和进度；总包方没有充分证据规避己方责任，最终影响合同结算和违约责任分配。

（2）总包方未在有效期内要求工期顺延、费用索赔的，可能导致权利丧失，再想挽回损失时困难重重，形成建设单位的过错责任最终由总包方实际承担的不公平结果。

（3）应收账款诉讼时效为三年，从建设单位按照合同约定的应付款而未付款之日起算，在诉讼时效内没有对应收账款主张权利的，或主张权利而无证据证明的，三年诉讼时效届满后，该笔应收账款得不到法律保护，形成事实上的呆账、坏账。

防范措施

（1）对建设单位履约中的过错、违约等事项应迅速作出反应，及时提出异议或催办函件，通知建设单位及时采取补救措施，避免更大的违约损失。在条件允许的情况下，总包方也应采取有效措施防止损失继续扩大。

（2）对于建设单位原因导致的工期延误，应在约定期限内提出书面工期顺延申请，及时办理工期顺延签证。禁止对建设单位违约行为不管不顾，盲目顺从，对属于总包方的权利怠于主张，放任损失发生和扩大。

（3）应确保每一笔逾期应收账款不因诉讼时效已过丧失司法胜诉权。项目实施单位和项目部应担负起应收账款催收的主体责任，应在诉讼时效内催收逾期应收账款并保留催收证据。

（4）证据是主张权利的“凭证”。应重视收集、保留项目履约过程中的所有证据，包括但不限于合同、补充合同、往来函件、会议纪要、签证、现场拍照视频、监理签字确认、催款函、律师函等。

（二）甩手掌柜当不得，掩耳盗铃人自欺——以包代管

主要表现

（1）总包合同签订后，总包方在工程现场未设置项目部，未派驻项目主要管理人员，未建立财务管理、工程管理工作体系。

（2)形式上,虽然总包方设置项目部,派驻了少数管理人员,也有相关财务和工程管理体系，但实质上总包方未履行总包管理职责，工程全部交由下游专业分包方、劳务分包方进行实际管理和实施。

（3）在对分包方进行管理时，底气不足或能力欠缺，对分包方履约“包而不管”,或没有能力管,分包方在工程进度、质量、工程签证和变更方面起主导地位,总包项目部被分包方“架空”或“裹挟”，项目部成为分包方利益的“服务者”，总包方权益

丧失。

法律后果

（1）总包方未履行设立项目部、派驻管理人员和建立履约、财务、安全方面的管理体系，仅凭分包方自觉按照合同履约，将使工程质量、进度、财务和安全管理处于完全失控状态，与不管理无异。此外，还可能被建设单位追究项目经理、重要管理人员未按总包合同约定出勤的违约责任，情节严重的甚至会被解除合同。

（2）虽然进行形式上的管理，设立项目部并派驻人员，但人员数量、资质和能力方面不足以履行总包管理职责，在工程质量、进度、财务和安全管理方面难以进行实质上的管控，对分包方缺乏有效管理和约束，形成事实上的“以包代管”，履约质量难以保障。

（3）总包方项目部被分包方“架空”或“裹挟”，分包方不听项目部指挥，不服从项目部管理，项目部按照分包方的意愿行事，有利于分包方利益实现，但可能对总包合同履约产生严重的质量、工期违约后果。

防范措施

（1）禁止“以包代管”。总包方应按照投标书中的承诺在施工现场设立项目管理机构和派驻符合总包合同约定数量和资质的管理人员；项目经理、重要管理人员应严格按总包合同约定出勤，切实履行管理职责，避免触发相应的违约罚则，造成不必要损失。

（2）总包方必须对分包工程项目的工期、质量、安全、文明施工、环境保护等进行严格的管理控制，对分包的重要工程、关键部位、关键工序实行施工全过程监控。

（3）履约过程中，总包方应定期对工程进行巡查，全面掌握现场的真实情况，及时收集施工资料。

（4）总包项目部是管理控制分包合同的实施主体，应对分包方的人员配置、资源投入、施工进度、质量安全、农民工工资支付等方面进行有效的管理，切实加强对分包方经营管理行为的监督检查。

（三）提前起跑，吃力怎讨好
——总包方违规提前进场施工

主要表现

（1）为赶工期或应建设单位口头要求，总包方在未签订正式合同的情况下，提前进场施工，工程验收没有依据，工程款支付主体和支付方式等不确定。

（2）项目前期手续未办理或正在办理过程中，如无土地使用证或合法流转手续、土地规划证、建设工程规划许可证、施工许可证等不齐全即进场施工。

（3）虽然提前进场施工，但因办理前期手续，正常施工条件不具备，导致低效施工，增加总包方成本。

法律后果

（1）建设单位可能以总包方实际进场时间作为实际和通知开工日期，在不具备施工条件的情况下，可能导致总包方承担低效施工的风险。

（2）如果合同未签订时提前进场施工，一旦后期项目无法正常进行不再签订合同，由于缺乏合同依据，可能给总包方带来难以挽回的垫资损失。

（3）在招投标前或过程中提前进场施工，存在被认定为明招暗定串通投标行为。

（4）如缺少必要施工许可手续，总包方还有可能会被土地、环保等行政主管机关处以行政处罚，被土地使用权人阻工，甚至被政府作为违建强拆。

防范措施

（1）总包方应当在签订合同生效且具备开工条件的情况下

进场施工。

（2）如建设单位未能按照合同约定提供开工条件的，又必须提前进场施工时，总包方应及时发函给建设单位，取得建设单位指示提前进场施工的证据。

（3）在未取得土地使用许可证或土地流转手续前，一般不应提前进场。如建设单位在合同约定时间无法办理有关证照、许可，可以行使停工权，采取适当的止损措施，但应注意提前向建设单位发函以确保有证据进行损失和工期索赔。

（4）对提前进场的事宜与建设单位签订前期工作协议，要求建设单位支付预付款，在付款的金额范围内开展工作。

（四）错误紧急制动，可能要翻车
——总包方不当行使停工权

主要表现

（1）合同中对总包方约定“霸王条款”：“任何情况下承包人均不得停工，否则承包人应承担工期延误违约责任。”

（2）建设单位的违约行为尚不足以达到合同约定，或者法律规定的停工条件时，总包方贸然停工或总包方未按照合同约定的程序行使停工权。

（3）建设单位未按照合同约定支付进度款，总包方行使停工权后，放任不管，未充分收集相关索赔证据材料，如停工现场管理人员情况、材料保管、租赁设备情况等，未及时向建设单位发出索赔报告。

（4）总包方在停工事由消失后未及时申请复工，或者建设单位要求复工总包方无正当理由拒复工。

（5）合同中约定了明确的总包方可行使停工权的情形，但履约过程中总包方怠于行使停工权。

法律后果

（1）合同中约定总包方任何情况下不得行使停工权的“霸王条款”将导致双方权利义务不对等，损害总包方的合法权益。

（2）总包方的停工权属于临时抗辩权，一般情况下建设单位未按照合同约定的时间和条件支付工程款，或者违反有关建设行政法律法规导致工程施工活动无法进行，或者损害社会公共利益时，总包方有权进行停工。总包方行使停工权的目的是促使建设单位纠正违约行为，积极履行合同义务。例如建设单位的违约行为尚未达到合同约定，或者法律规定的停工条件时，总包方贸然停工，不仅无法达到纠正建设单位的违约行为，促使建设单位积极履行合同付款义务的目的，反而可能会被建设单位以擅自停工为由追究总包方的违约赔偿责任；如总包方未按照合同约定的程序行使停工权导致损失扩大，建设单位还可能会就该扩大损失部分要求总包方承担过错赔偿责任。

（3）根据《民法典》先履行抗辩权、不安抗辩权，以及第八百零三、八百零四条相关规定，总包方行使停工权应承担相应的举证责任，并有权申请工期顺延、要求建设单位赔偿停工、窝工损失。如果总包方没有及时收集保存符合行使停工权条件、程序，以及停工期间损失的索赔证据材料，向建设单位发出索赔报告，还可能丧失相应的索赔权利。

（4）总包方的停工权属于临时抗辩权，如停工事由消失后总包方未及时申请复工，或者建设单位要求复工，总包方无正当理由拒绝复工，除延误工期外，还可能被建设单位追究违约责任。

（5）总包方怠于行使停工权，可能贻误处理合同纠纷解决的正当时机，如总包方未约束建设单位及时履行关键合同义务，至合同履约后期相关风险爆发，甚至可能导致项目亏损。

防范措施

（1）合同中应避免约定总包方在任何情况下不得行使停工权的“霸王条款”，并应根据项目实际情况及特殊性，设置条件明确、程序清晰的停工权条款，促使建设单位积极履行其关键性合同义务，保障总包方顺利履约。

（2）总包方应审慎行使停工权。一般应提前先向建设单位发函告知，要求建设单位在合理期限内纠正违约行为。如果建设单位拒不纠正违约行为，应严格按照合同约定的程序行使停工权，采取停工措施后再次函告建设单位，避免不必要的损失扩大，避免不当行使停工权反被建设单位追究违约赔偿责任。

（3）总包方应具备证据意识，停工应与索赔相结合，不仅应收集符合行使停工权条件和程序的证据材料，还应对停工期间施工现场人员、设备设施、材料等进行统计并经监理，或者建设单位代表、监理签字确认；编制停工索赔书报监理公司及建设单位，积极行使停工索赔权利，避免丧失索赔权利。

（4）停工权系临时性措施，一旦停工事由消失，总包方应及时向建设单位申请恢复施工，或者要求建设单位签发恢复施工通知文件，及时恢复施工，避免总包方原因延误工期，反被业主追究违约责任。

（5）总包方应严格按照合同履约，当建设单位出现合同约定的停工事由时，及时函告建设单位，督促建设单位积极履行合同义务，保证项目顺利履约，风险可控。

（五）订单来之不易，且履行且珍惜
——总包方不当行使合同解除权

主要表现

（1）遇到工程暂停或对方违约时，未经公司内部决策程序和审批，总包方人员擅自做主解除合同。

（2）履约过程中，建设单位或供应商虽有违约事实，但未达到合同约定或法律规定的解除条件时，总包方擅自解除合同。

（3）建设单位或供应商违约达到合同约定或法律规定的解除条件，但总包方未按照合同约定或法律规定的解除程序行使解除权。

（4）双方协商解除合同过程中，在未签订解除协议的情况下，总包方擅自向建设单位或供应商发送终止或解除合同的通知书、函件。

法律后果

（1）未经内部决策和审批的合同解除行为，因缺少科学决策，以及制定合同解除后果的预案，可能导致建设单位或供应商提出索赔。

（2）不符合合同约定或法律规定的情况下，单方擅自解除合同，将构成根本违约，擅自解除合同的一方除须按照合同约定支付到期应付未付的款项外，还要承担违法解除合同的违约责任，包括向对方赔偿损失（含预期可得利益损失）或支付相应违约金。

（3）若未按照合同约定或法律规定的解除程序行使解除权，可能给总包方造成损失扩大，或者合同解除无法生效。

（4）双方协商一致可以解除合同，但在未签订解除协议的情况下，总包方擅自向对方发送终止或解除合同的通知书、函件，可能被对方“套路”，以该终止或解除合同的通知书、函件构成总包方“明确拒绝履行合同主要义务”的证据，追究总包方单方解除合同的违约责任，甚至要求总包方赔偿其合同履行的预期可得利益损失，风险极大。

防范措施

（1）合同从项目跟踪、谈判到最终签约，总包方花费了大量时间、人力和物力，故在履约过程中要坚持不轻易使合同无效，不轻易解除合同的原则，对于相关争议，应争取通过友好沟通、协商解决，不轻易诉诸法律，有利于降低损失和开展二次经营，除非建设单位重大违约或发生不可抗力，总包方穷尽所有救济措施仍无法实现合同预期目的的，方可解除合同。

（2）合同解除无小事。任何一个合同在发生合同重大变更、解除时，必须事先经过公司内部决策和审批程序同意，并对合同解除的后果进行充分评估并制定应对方案后，方可按照合同约定程序进行变更和解除。

（3）建设单位或供应商违约达到合同约定或法律规定的行使解除权的条件时，总包方要充分收集和保存对方违约的证据，向建设单位或供应商发出书面解除通知，并保存解除通知已经有效送达的证据。

（4）双方协商解除合同必须签订合同解除协议，明确约定合同解除的时间，合同解除后合同结算及相关争议的处理，并明确除解除协议约定外，双方再无其他任何争议。

（5）总包合同解除生效后，总包方应及时核对建设单位未付款项，统计各项费用及损失，并准备相应的证明资料，要求建设单位、监理单位共同对总包方的已完工程量进行确认，作为合同解除后双方的结算依据。

（六）再苦不能苦农民工
——农民工工资发放不规范

主要表现

（1）总包方将工资发放给不具备用工主体资格的组织和个人，工资被挪用或侵占，导致农民工未及时足额收到工资。

（2）总包方对农民工管理不规范，监督不足。未严格执行农民工实名管理制度，不掌握现场农民工真实情况，农民工工资发放表仅有分包方盖章，无具体农民工签字；未按照有关规定开设农民工工资专用账户或对专用账户监管不足，导致分包方虚报农民工工资、恶意拖欠或农民工工资被挪作他用。

（3）发生农民工讨薪事件，总包方迫于维稳压力，在未查清事实、取得分包方确认，或者未取得书面委托、政府相关方见证的情况下，向讨薪农民工发放工资，产生超额支付问题，超付款项无法追回。

法律后果

（1）在工程建设领域，总包方对所承包工程的农民工工资支付负总责，分包方对所招用农民工的工资支付负直接责任。不得以工程款未到位为由克扣或拖欠农民工工资，不得将合同应收工程款等经营风险转嫁给农民工。分包方拖欠农民工工资的，总包方有先行清偿义务，清偿后再依法向分包方进行追偿。

（2）在施工过程中如果不能及时向农民工发放工资，农民工可能消极怠工、阻挠施工，或者引发群体性投诉、信访或诉讼事件，影响施工进度，总包方将面临被建设单位追究违约责任或列入黑名单的风险，影响公司声誉，情节恶劣还可能被处以相关行政处罚。

（3）在未核清事实或未经分包方确认，缺乏相关政府部门见证情况下擅自向讨薪农民工盲目支付工资，如属于农民工恶意讨薪，则可能引发总包方与分包方关于工程款的结算争议，还可能给总包方造成经济损失。

防范措施

（1）在分包合同中约定，由分包方设立农民工工资发放专用账户，并在对分包方工程进度结算中扣留一定比例的农民工工资发放保证金，确保专款专用；严禁总包方将工资发放给不具备用工主体资格的组织和个人。

（2）总包方应加强农民工实名制管理，要求分包方将与农民工签订的劳务或劳动合同、农民工身份证复印件、为农民工购买保险单的凭证、上岗资格证等文件向总包方进行备案，审核原件后保留复印件存档；结合施工现场每日考勤、打卡记录及分包方上报的农民工亲笔签字的工资发放表、农民工工资实际付款凭据等准确掌握施工现场农民工真实情况，监督分包方如实上报并及时足额发放农民工工资。

（3）发生农民工讨薪事件时，总包方应首先对是不是分包方指使农民工恶意讨薪以达到索要超额工程款的情况进行甄别、排除。如果分包方欠付农民工工资属实，总包方代付工资应取得分包方确认或政府相关部门书面见证，必要时对全程发放记录和过程录音录像，录音录像清晰、不中断，避免后续与分包方产生结算争议且缺失证据材料。

（七）越级结算，寅吃卯粮——超结超付

主要表现

（1）在合同约定付款条件未具备情况下，如分包方未出具保函、未开具发票或其他应先履行义务之前，总包方先予支付。

（2）在建设单位未对分包方提出的调整结算价格进行书面确认之前，总包方提前对分包方调整结算价格予以确认；或者在合同变更部分未履行完毕相关手续的情况下，总包方超越合同约定向分包方支付合同价款。

（3）总包方越过与其具有分包合同法律关系的分包方，直接向其下游劳务单位或供货商支付合同款项。

法律后果

（1）未达付款条件即支付工程款项，系放弃了合同先履行抗辩权，如分包方收款后拒绝履行相关合同义务，则总包方履约管控将由主动陷入被动。

（2）对上调价未明确情况下，总包方先行对下支付相应款项，如建设单位最终对调价不予认可，总包方需自行承担变更增加部分价款；如合同变更手续不完善即对下支付价款，还存在一定的审计风险。

（3）根据合同相对性原则，总包方越过直接分包方，向其下游劳务单位或供货商支付合同款项，缺乏合同依据，分包方有权不予认可，极易引发总包方与分包方之间的结算争议。

防范措施

（1）应当严格按照合同约定的付款条件和分包方的实际履约情况进行结算和支付，积极行使总包方先履行抗辩权，加强总包方履约管控，严禁超结超付。

（2）在分包合同中尽可能详细约定合同价款（含合同变更及调价部分）支付的“背对背”条款；履约过程中对上及时索要工程款，保障分包方知情权，严格执行“以收定支”；变更调价内容在建设单位未予书面确认之前，总包方不擅自对分包方提前预结、预支。

（3）严格遵守分包合同的结算及支付约定，如为推动项目履约进度或质量控制，确需越过分包方直接向其下游劳务单位或供货商支付款项，应签订三方付款协议，防止后续与分包方产生结算争议，使总包方陷入被动。

（八）自己的权利自己争
——工程变更、签证及索赔管理问题

主要表现

（1）“一厢情愿式索赔”。在合同没有明确约定或已经排除总包方索赔权利的情况下，没有依据盲目索赔。例如将一般的雨雪天气、非建设单位原因的现场阻工、分包方违约等导致的工期延误也视为索赔原因，对上进行索赔。

（2）现场签证或索赔申请不及时。

① 总包方收到建设单位变更指示且该指示可能引发价款或工期变化的，没有按照合同约定的变更程序及时间提出变更申请（通常为收到变更指示后 14 天内）；

② 对于变更所产生的工期、质量标准、费用、违约责任等与变更结算至关重要的内容没有签订书面形式的变更协议或补充协议，工期、质量和结算变更没有依据难以执行；

③ 索赔请求超过了合同条款中约定的时限（通常为索赔事件发生后 28 天内）；

④ 为了及时办理竣工结算或取得工程款，双方已办理了竣工结算，而结算书中未反映索赔事项所增加的费用；

⑤ 双方已通过其他形式确认了合同价款但总包方未及时提出索赔要求。

（3）双方口头约定的变更事项，未采取签证、会议纪要、补充协议等书面形式进行确认，或者上述文件中无监理、建设单位的公章或负责人的签字,或者签字人员不具备签署资格（没有建设单位、监理单位的授权文件）。

（4）工程签证内容填写不规范。签证项目填写不完整或不明确、未列明变更原因、变更的工程量或计量不准确、未确定价款或价款明显不合理等。

法律后果

（1）索赔应以合同及法律规定为依据，以证据为支撑。“一厢情愿式索赔”因缺乏合同及法律依据，索赔难以成功。

（2）未以有效的书面形式确定变更或索赔事项，如果建设单位反悔，总包方缺少证据支撑，可能导致变更和索赔难以实现，甚至反被建设单位追究擅自变更的违约责任。即使后续拟采取司法途径解决，也存在“举证不能”，无法获得法院或仲裁机构支持，最终由总包方自担损失。

（3）签证或索赔不及时，或者竣工结算书中未反映索赔事项所增加的费用，可能导致丧失索赔申请权。

（4）工程签证内容填写不规范可能影响工程签证的法律效力，导致后期结算时引发争议或建设单位审计时产生审减风险。

防范措施

（1）签订合同之前应充分预估履约过程中的可能会发生的导致工期延误及费用增加的各类风险，如极端雨雪天气、不可预见的地质条件、不可抗力等，并对风险分担进行明确约定。总包合同应明确调整合同价款、延长工期，以及变更、索赔的依据和处理程序，为后续索赔提供合同依据和法律保障。

（2）在项目履约过程中增强证据意识，注重收集和固定索赔证据。例如发现建设单位提供的图纸、工程量清单或其他文件中存在错误，施工现场发生停水、停电、不可抗力事项等导致费用增加或停工超过原合同规定时限；因建设单位或监理原因发生变更或增加工程量、工程返工、窝工等情况时，应及时通过书面方式与建设单位及监理进行确认，签订书面签证文件、会议纪要、补充协议等，必要时可以现场拍照、录音、录像等，为索赔提供充分的证据支撑。

（3）发生变更索赔事件，应严格按照合同约定索赔程序和时限及时向建设单位发出索赔申请意向和索赔报告；竣工结算书中可就索赔事项作为甩项，并在结算书中声明“保留对争议部分通过其他途径处理”，确保总包方不丧失索赔权利。即使建设单位拒绝，总包方后续仍可以继续争取索赔，切实维护公司利益。

（4）签证手续办理过程中，应确保签证内容填写详细、准确和规范；注意核实建设单位及监理签署人员是否取得相关授权文件，是否与合同中记载的授权人员及授权范围保持一致；任何变更均应以收到建设单位或监理的书面指令为准，避免建设单位反悔，防范审计风险。

（九）请站好最后一班岗

——验收、结算及移交不规范

主要表现

（1）履约过程资料管理不规范，未按照合同约定、建设单位监理单位要求和公司内部工程管理要求办理过程资料，在各类验收、结算和移交等重要节点之前集中“补办”过程资料。

（2）不按照合同约定的条件和程序办理验收、结算和移交手续；或建设单位、监理单位要求变更相关内容，但未形成书面文件变更证据材料。

（3）验收、结算及移交等过程资料不完整或表述不准确。例如有验收申请单但无验收合格结论文件，结算资料仅签章但金额部分空缺，移交文件中未明确竣工／完工时间等。

（4）不区分合同条款和具体执行情况，在总包方履约存在问题，或不办理相关手续即将违约的情况下，简单的以不配合办理验收、移交手续作为倒逼建设单位接受总包方要求的手段。

（5）在合同对各类验收、结算和移交等内容约定不明或矛盾的情况下，履约过程中未及时以书面形式补充约定。

（6）在合同未约定审计条款，且各方竣工结算手续的情况下，总包方按照建设单位要求在审计结论上签字确认，为付款埋下隐患。

（7）在过程结算中随意调整工程量申报量和对下结算量及结算金额，在对上未能取得对等合同款的情况下对下“超结超付”。

（8）合同虽然对工程价款进行了约定，但同时约定最终以建设单位的审计结论作为结算和支付依据。

法律后果

（1）集中“补办”过程资料通常存在文件日期前后错位、代签、漏签（章），以及无法与其他过程资料对应等问题，在后期审计或争议处理时，可能影响对该证据材料真实性的认定。

（2）合同约定不明、未按照合同约定进行关键节点工作，或在未收到建设单位、监理单位书面指示的情况下变更合同约定，可能造成在后期审计或争议处理时，无法认定相关工作性质，或无法将相关工作与合同约定权利义务关联的被动情况。

（3）关键过程资料缺失或不准确，可能影响该文件效力和证明力，造成无法准确还原过程事实，或在案件处理过程中承担不利证明责任的问题。

（4）不配合办理验收、移交手续可能造成总包方工期违约，或失去证明工程质量合格、弥补前期履约不足，和为后期纠纷处理充分准备机会等问题，造成后续纠纷或形成对总包方不利的案件。

（5）在无合同及法律依据的情况下，总包方在审计结论上签字的行为极可能被扩张为认可审计结论所列金额等。

（6）在争议处理过程中，如果审判机关认为相关过程结算属于施工过程结算，而非工程进度款结算，则将造成总包方权益的丧失。

（7）在对下“超结超付”的情况下，如果无法取得建设单位的认可，则总包方将承担超出部分结算或支付款项的风险。

（8）合同约定及实际履约中以建设单位的审计结论作为结

算和支付依据，属于总包方对工程价款丧失话语权的不平等、不公平行为，而建设单位的审计报告基本都是“审减”结论，必然造成总包方合法权益受损。

防范措施

（1）在合同履约过程中应注重对上、对下合同的过程资料的形成和管理，严格按照合同约定进行验收、结算和移交工作。

（2）在合同约定不明确、不合理，或根据总包方履约情况判断已存在现实风险的情况下，应善于利用重要节点或日常沟通函件等条件，对相关问题进行“修缮”和弥补。

（3）在拒绝配合办理验收、移交手续可能造成总包方工期等违约，或失去证明工程质量机会的情况下，应当慎重采取该类手段。

（4）在无合同及法律依据的情况下，总包方应慎重参与配合建设单位组织的审计工作；在确需配合的情况下，总包方应在配合工作中审慎检查审计资料内容，并在签字确认时明确保留声明。例如：“总包方的签章行为非默认接受该审计结论作为结算依据等。”

（5）无论在“工程进度款结算”或是“施工过程结算”模式中，均应避免对上“少结少付”、对下“超结超付”，严格按照合同约定和“先结算、开发票、后支付”的原则进行结算管理。

（6）注重增强对“施工过程结算”政策的学习和实施。

（7）合同结算及支付条款中，不应约定以某一方审计结论作为结算和支付依据。例如遇到政府项目总包必须审计的，应约定以总包方认可的审计结论作为结算和支付依据；如总包方对审计结论有异议时，应约定异议的处理方案，如由双方共同委托的审计机构重新审计等。

（十）甄选保险，远离风险——工程保险问题

主要表现

（1）总包合同中将本应由建设单位办理保险的义务转移至总包方，但合同价款报价中并不包含该投保费用。

（2）总包合同已经明确要求由总包方购买保险的情况下，总包方为节约成本，不重视工程保险的购买，一旦发生各类意外事故（如发生洪水、泥石流等自然灾害引起人员伤亡或重大财产损失等），相关损失无法得到弥补，由总包方承担巨额损失。

（3）订立保险合同时，未注意或充分考虑投保单、保险单及其他保险凭证上关于保险标的、保险责任范围、免责条款、免赔额度及保险期限的规定，导致发生保险事故后被保险公司拒赔。

（4）发生保险事故后，未及时通知保险公司查勘定损，

或未及时固定和收集证据，导致后期举证困难，保险理赔难度加大。

（5）将工程转包或违法分包给不具备用工主体资格的分包方，该分包方未为其招用的工人购买工伤保险或商业意外险，施工作业时分包方工人发生伤亡事故。

法律后果

（1）如合同中明确约定由总包方办理各类工程保险，而总包方未办理，一旦发生保险事故，受益人无法得到足额赔偿，总包方作为投保义务人，需补足受益人本应从保险金额中获赔的金额。

（2）保险合同条款约定不利，或总包方未重视证据的固定和收集，发生保险事故，被保险公司拒赔。

（3）如总包方将工程转包或违法分包给不具备用工主体资格的分包方，该分包方招用的工人在进行施工作业时发生伤亡事故，保险公司不予理赔，总包方应对该工人承担工伤保险责任。

防范措施

（1）总包方应重视工程保险的风险防范作用，签订总承包合同时，应明确各项保险投保义务的承担主体，同时应充分考虑保费是否包含在合同价款中；严格按照合同约定购买相关保险。

（2）与保险公司签订保险合同等相关文件时，应仔细研读相关条款并综合考虑保险范围、赔偿额度等，选择合理的保险公司及适合该工程项目的险种。

（3）发生保险事故时，应及时通知保险公司，并做好现场保护和证据资料收集工作。

（4）通过合法途径选择具有资质的分包方，要求分包方为其从事危险作业的工人办理工伤保险及意外伤害保险，并向总包方备案保单复印件；禁止将工程分包给不具备用工主体资格的分包单位。

第四章
PART

其他法律风险及防范

一

工程资料过程文件管理不规范

（一）你的每一句话都将成为“呈堂证供”——会议纪要不规范

主要表现

（1）施工现场协调会或是其他关键性会议上，没有形成会议纪要，事后无法证明会议内容。

（2）施工现场协调会或是其他关键性会议虽然记录有会议内容，但没有相关与会人员签字，无法证明会议记录的真实性。

（3）关键与会人员签字代表没有明确的授权，或者超出授权范围签字。

（4）未履行公司内部审批程序，签订对合同内容作出实质变更的会议纪要。

法律后果

（1）如果现场协调会没有会议记录，或虽有记录但未形成会议纪要，或参会人未签名，总包方可能面临原本有利己方的会议决议事后被反悔、推翻而无法执行的风险，对己有利的会议纪要成为“空头支票”。

（2）参会人员没有相关授权的，事后该签字不被相关单位认可，签字文件中的内容对相关单位不产生法律效力。

（3）会议纪要内容若涉及双方权利义务变更但又未能经过公司规定程序审批的，履约过程中容易产生争议，可能导致公司利益受损，且存在审计风险。

防范措施

（1）开会前制作签到表，签到表应反映会议主题、时间、地点，并列有单位、人员等栏目供与会人员填写。

（2）会后立即出具会议纪要并由与会人员签字确认，多页的，每页都应签字。严格审查签署会议纪要人员的授权情况，确保具有权限的参会人员对会议纪要内容确认。如果发生与会人员无法当场签字确认的情况，建议会后将会议纪要通过电子邮件等方式送达给与会人员，并同时发文告知与会人员在规定的期限内未提出异议视为认可。要注意送达凭证（签收、邮寄回单等）的收集和保管。在一些特殊情况下，可以通过录音录像的方式固定会议内容。

（3）在履约过程中，如发生涉及双方权利义务变更的情形，优先选择补充协议的形式，明确双方权利义务及责任。例如采用会议纪要形式的，应通过一定方式履行公司内部审批程序，且应在事后将其转化为补充协议。

（二）打官司就是打证据
——履约过程资料不完整、档案管理不规范

主要表现

（1）履约过程资料管理不善或其他原因导致关键证据原件遗失。

（2）建筑施工领域“先干后谈”现象普遍，不注重保留涉及工期延误、施工变更、工程增量、工期加速、合同终止、合同外因素（如原材料及工资上涨、政策变化等）情形下的签证资料，起诉、应诉因大量证据缺失，维权非常困难。

法律后果

（1）总包方无法正常获得应有的工程款。

（2）即使启动司法程序，依据“谁主张、谁举证”原则，民事诉讼中当事人须为己方的诉讼请求提供相应证据。若证据原件遗失，在诉讼阶段无法提供证据的原件的，将会造成己方所主张的案件事实无充分证据进行佐证，承担举证不能的败诉结果。

防范措施

（1）注意施工过程中交接记录的留存，要高度重视基础资料的制作、收集、整理和归档工作。加强项目管理和档案管理，注意证据收集的及时性。

（2）注意权利主张证据的保留，对文件的原件进行有效管理，特别是对重要文件的原件，应指派专人管理，严格限制将原件进行外借，避免遗失。如文件原件已遗失，可通过要求相对方在复印件上加盖印章的方式，取得对方对复印件真实性的书面确认，或收集其他证据材料，佐证复印件的真实性。

（3）对于建设单位的口头承诺尤其涉及合同金额的变化，应有签证意识，事先签下书面凭据，或者事后督促书面确认。例如通过微信、录音等对话方式确认的，应注重保留手机等原始录音载体。

（4）签署文件时，可考虑签署多份原件，文件移交时签署交接单，必要时保留备份作为附件，并要求相对方确认备份文件与原件内容一致。

（5）应充分重视和加强项目的档案资料规范管理，确保档案资料的完整、准确、安全和有效利用。

（三）事事留痕——文件送达不规范

主要表现

（1）合同中未约定文件送达地址及方式，或送达的地址、邮箱地址等发生变化时未及时更新。

（2）向对方口头指定的而非书面确认的人员发送电子邮件，事后又无补充确认。

（3）向对方指定地址以外的处所发送文件，又未及时获取对方确认。

（4）文件由对方工作人员中非指定人员签收，或者所签收文件无法反映文件的基本内容，或者按照合同约定地址送达文件被退函后打开了退函文件。

（5）邮寄文件后将邮寄凭单丢弃、丢失。

法律后果

（1）在建设工程施工合同管理中，承包方在工程施工中会向建设单位、监理单位及其他相关各方提交大量的报告、通知等涉及合同履行事项的文件，如果没有妥善保存提交法律文件的证据，一旦发生纠纷，总包方“举证不能”，将处于不利的地位，有可能导致重大经济损失。

（2）如果送达文件的方式和程序不规范，也可能导致文件送达的法律效力欠缺，将承担“举证不能”的不利法律后果。

防范措施

（1）合同应约定双方的文件签收人、送达地址及文件签收收据的格式，若发生变更及时告知；应向合同中指定的签收人、地址，以约定的方式送达；如果合同中没有指定签收人的，送达文件后应要求对方盖章和收件人签字由对方在文件签收收据上加盖公章，或者由对方负责人，或者己方可证明的对方工作人员签收，也可现场拍照记录；已经发送过的文件没有上述手续的，可以通过在后续文件中重复相关文件内容的方式弥补。

（2）总包方提交给建设单位、监理、分包方的法律文书均一式两份，一份交送达对方，另一份要求对方签收人签字后留己方保存；或者要求对方签收人在签收回执上签字，回执中应注明文件编号、名称、己方的主要意思表示（主张的权利或通知的主要内容）。

（3）如果对方不愿意签字，可以采用 EMS 邮寄送达的方式，并在邮政专递单的寄送内容栏目中简要标明文件名称、编号、己方的主要诉求（主张的权利或通知的主要内容）。文件发出后，应及时向邮局查询送达情况，已送达的，要保存快递妥投截图，必要时要求快递公司出具第三方证明；若对方拒收，退函不要拆封，应原封保存。

（4）邮寄不能送达时，或者比较重要的文件可以采用公证送达的方式，由公证人员对送达文件的内容及送达方式进行公证。

（5）重要的微信、电子邮件往来信息档案应有备份。

二

时过境迁，丧失胜诉权
——未及时主张权利，超过诉讼时效

主要表现

（1）在诉讼时效期间内没有催要过债权。

（2）在诉讼时效期间，仅采取电话催问、口头交涉等方式主张债权，但没有保存主张过权利的有效证据材料。

法律后果

（1）一般民事诉讼时效为 3 年，自权利人知道或应当知道之日起算，分期履行债务诉讼时效期间自最后一期履行期限届满之日起算。如果没有在 3 年内催要过债权，则丧失司法保护，是否偿还债务只能凭债务人的契约精神和良心发现。

（2）诉讼时效可以中断、中止。主张债权、义务人同意履行义务、提起诉讼或仲裁均可以中断诉讼时效，诉讼时效自中断之日起重新计算 3 年诉讼时效；在诉讼时效期间最后的六个月内发生不可抗力诉讼时效中止，不可抗力消失之日起满六个月诉讼时效届满。

（3）权利人怠于行使合同权利，未在诉讼时效内主张合同权利，或者无法提供证据证明起诉前诉讼时效存在中断或中止的情形，起诉时诉讼时效已届满，将面临丧失通过司法途径追索欠款的胜诉权。

（4）诉讼时效届满后，债务人同意履行或自愿履行后，不得再以诉讼时效届满为由进行抗辩或者反悔。

防范措施

（1）强化应收账款催收诉讼时效风险意识，项目实施单位应及时竭尽全力清收合同款；任何情况下，禁止公司债权发生因超过诉讼时效而丧失司法胜诉权；应及时主张债权并有效保存主张债权的证据材料，如主张债权的电话录音、微信聊天记录、电子邮箱往来记录、发送催款函、律师函，以及债务人出具还款计划、还款承诺等，有效证明诉讼时效中断。

（2）合同中应明确规定义务人履行期限、付款期限，使诉讼时效的起算时间清晰，防止诉讼时，因诉讼时效不清义务人进行抗辩。

（3）采用 EMS 邮寄方式送达催款函，应在邮寄时备注文件名称及内容摘要（如“关于 ××× 合同项下欠付工程款的催款函”），并保留邮递凭证和签收记录；如果邮寄退件的，注意不能擅自打开；若采用当面送达的方式，应当要求有权接收人提供签收确认函件。

（4）如果应收账款诉讼时效已经届满，建议在债务人未警觉的情况下，尽可能争取债务人重新确认债权并自愿还款，保存债务人同意履行债务的电话记录、录音、录像等，内容需有明确对象和指向争议债务。未经对方允许的偷录证据，亦可作为有效证据。

三

放虎归山，贻害无穷
——丧失对分子公司、分支机构控制权

主要表现

（1）设立分子公司、项目部、办事处和代表处等未按照要求履行审批和备案程序，未明确分支机构授权范围。

（2）分支机构的重要管理人员，如执行机构、财务部负责人由外部人员担任；分支机构的印章（含电子章）、银行账户、证照及会计账簿原件等重要资料由外部人员负责管理、使用。

（3）分支机构（含依法注册登记的分公司，以及为特定目的设立的非常设子公司）不再开展实质性经营活动，未及时依法清算，办理银行账户、税务、工商等注销登记手续，未及时进行产权注销、印章销毁等手续。

法律后果

（1）分公司、项目部、办事处和代表处等分支机构属于公司内部管理机构，对外无独立法人资格，无独立民事责任能力，但其对外行为在授权范围内代表公司，应由公司承担责任。一般情况下，分支机构设立和撤销系公司董事会职权。随意设立分支机构将导致公司治理结构混乱，权责不清。授权范围不明确还可能发生分支机构超越权限，对外签署重大经济合同及决策文件。例如擅自对外举债、担保、垫资等，存在重大法律风险，一旦风险爆发，公司将承担不利法律后果。同第二章第一类（四）“权力虽好，可不要滥用——公司对外授权不规范”部分。

（2）外部人员系指与公司不存在劳动关系，没有隶属关系的人员。外部人员担任分支机构重要管理岗位，控制公司重要印章、证照和财务账簿，履职过程中因利益导向或利益冲突，可能发生外部人员擅自开展违规经营活动或为己谋利，作出损害公司利益的行为，并且容易引发廉洁和职业道德风险，甚至发生管理僵局。

（3）分支机构不再开展实质经营活动但未及时进行清算、办理注销登记，存在被登记机关吊销营业执照、处以行政罚款、被列入经营异常名单的风险，由此将使分支机构负责人、法定代表人产生不良信用记录，对其正常工作和生活产生不良影响。此外，因不再开展实质经营活动，分支机构人员将存在较大变动调整，随着时间推移可能发生分支机构重要档案、资料、文件遗失、债权债务无法查清、债权丧失司法胜诉权、分支机构债务不合理扩大、难以履行依法注销手续等不利后果。

防范措施

（1）禁止对分子公司、分支机构丧失控制权。根据公司《董事会议事规则》，设立和撤销分支机构系公司董事会职权，应按照《董事会议事规则》履行决策、审批程序，并明确分支机构授权范围。

（2）对拟担任分子公司、分支机构重要管理人员的劳动关系、信用状况应进行审查，分支机构的印章、银行账户、证照、财务账簿等重要文件应当与公司具有劳动关系的员工负责管理和使用，避免外部人员因各种原因、利益冲突发生不接受、不执行公司决策和管理的情形发生。

建议对分子公司、分支机构财务人员施行总部委派制，总部对分支机构定期开展内部审计，分支机构重要管理人员身份发生变化时，应及时调整其工作权限，加强对分支机构的控制和管理。

（3）如果分子公司、分支机构不再开展实质性经营活动的，应及时办理银行账户、税务、工商等注销登记手续，及时办理产权注销、印章销毁等手续。

四

锱铢必较，颗粒归仓
——国有资产交易不规范

主要表现

（1）国有资产交易没有按照《国有资产管理办法》《企业国有产权转让管理暂行办法》，以及集团和公司规章制度履行相应的决策、批准程序。

（2）没有严格执行“三重一大”决策机制，根据法律法规、公司章程及内部管理制度形成有效的书面内部决议。

（3）未依法履行信息披露、审计、资产评估、评估备案、竞价方式等强制性程序。例如没有对拟交易产权进行审计和资产评估，或审计、评估结果不真实；未通过产权市场采取拍卖、招投标、网络竞价，以及其他竞价方式进行国有产权交易；未经国资监管机构批准或国家出资企业审议决策，采取了非公开协议转让方式；产权转让项目首次正式信息披露的转让底价，低于经核准或备案的转让标的评估结果等。

法律后果

（1）国有资产交易行为是指履行出资人职责的机构、国有及国有控股企业、国有实际控制企业，转让其对企业各种形式出资，以及所形成的权益、增加企业资本（政府对国家出资企业增资除外），以及重大资产转让行为。

国有及国有控股企业、国有实际控制企业包括：

① 政府部门、机构、事业单位出资设立的国有独资企业（公司），以及上述单位、企业直接或间接合计持股为 100% 的国

有全资企业；

② 前述① 所列单位、企业单独或共同出资，合计拥有产（股）权比例超过 50%，且其中之一为最大股东的企业；

③ 前述① 和② 所列企业对外出资，拥有股权比例超过 50% 的各级子企业；

④ 政府部门、机构、事业单位、单一国有及国有控股企业直接或间接持股比例未超过 50%，但为第一大股东，并且通过股东协议、公司章程、董事会决议或其他协议安排能够对其实际支配的企业。

（2）根据国家《企业国有资产法》《企业国有资产监督管理暂行条例》《企业国有资产交易监督管理办法》等规定，企业国有资产交易应当履行相应批准程序，严格执行公司“三重一大”决策机制，履行信息披露、审计、资产评估、评估备案、公开竞价等强制性程序。如果未履行法定强制性程序的，交易合同存在被认定为无效的法律风险，还可能造成国有资产流失。如果有关人员违反规定越权决策、批准相关交易事项，或者玩忽职守、以权谋私致使国有权益受到侵害的，由有关单位按照人事和干部管理权限给予相关责任人员相应处分；造成国有资产损失的，相关责任人员应当承担赔偿责任；构成犯罪的，依法追究其刑事责任。

防范措施

（1）无论交易方是国企或民企，均应遵守国有资产交易法定强制性程序，禁止未经相应批准、未形成有效的书面内部决议、未履行信息披露、审计、资产评估、评估备案、进场竞价交易等，对外转让、收购股权、企业增资及重大资产转让。

（2）股权交易中，未经批准，集团公司评估机构备选库外机构不能开展业务，不得聘请不符合相关资质条件的评估机构从事评估业务。

（3）不得向评估机构提供虚假情况或资料，不得与评估机构串通作弊，导致评估结果失实。

（4）产权转让项目首次正式信息披露的转让底价，不得低于经核准或备案的转让标的评估结果，非公开方式转让时转让价格不得低于经核准或备案的评估结果。

五

注销和设立同等重要
——未依法清算和注销公司

主要表现

（1）公司解散事由出现后，未在法定期限内成立清算组开始清算，导致公司财产贬值、流失、毁损或灭失，或者公司主要财产、账册、重要文件等灭失导致无法进行清算。

（2）公司清算时，清算组未依法清算，如未按照规定履行通知和公告义务要求债权人及时申报债权；执行未经确认的清算方案；以虚假清算报告骗取公司登记机关办理法人注销登记等，存在故意或重大过失，给公司或债权人造成损失。

（3）公司解散事由出现后，债权债务未清偿完结，擅自向公司登记机构出具对公司债务承担连带清偿责任的《全体投资人承诺书》，办理简易公司注销登记。

（4）公司债务人解散，发出要求债权人申报债权的通知或公告，但公司作为债权人未在规定时限及时申报债权。

法律后果

（1）根据国家《公司法》规定，下列解散事由出现之日起15日内，公司应当依法成立清算组开始清算：

① 公司营业期限届满但无法通过修改公司章程方式继续存续；

② 股东会决议解散公司；

③ 公司被依法吊销营业执照、责令关闭或被撤销；

④ 人民法院裁决解散公司等。

逾期不成立清算组进行清算的，债权人可以申请人民法院指定有关人员组成清算组进行清算。如果公司解散后未经清算即办理注销登记导致公司无法进行清算，有限公司股东、股份公司董事、控股股东及公司实际控制人在公司解散后应对公司债务承担清偿责任。

（2）清算组应当自成立之日起 10 日内通知债权人，并于 60 日内依法通过报纸发布债权人公告，也可通过国家企业信用信息公示系统免费向社会发布债权人公告，公告期为 45 日。公司清算结束后，清算组应当制作清算报告，报股东会或人民法院确认，并报送公司登记机关，申请注销公司登记，公告公司终止。清算组未依法清算，清算组成员因故意，或者重大过失给公司或债权人造成损失的，应当承担赔偿责任。

（3）公司解散时，股东到期应缴未交，以及尚未届满缴纳期限的出资均应作为清算财产，公司财产不足以清偿债务时，股东应在未交出资范围内对公司债务承担连带清偿责任。

（4）有限公司股东、股份公司董事、控股股东及公司实际控制人在公司解散后，未依法清算，或者以虚假清算报告骗取公司登记机关办理法人注销登记，应对公司债务承担相应赔偿责任。

（5）公司应当对申请简易注销登记公告和《全体投资人承诺书》、向登记机关提交材料的真实性、合法性负责。

（6）如果公司债权债务未清偿完结，但出具《全体投资人承诺书》办理公司简易注销登记，则股东应按照承诺内容对公司债务承担连带清偿责任。

（7）如果在简易注销登记中隐瞒真实情况、弄虚作假，登记机关可以依法作出撤销注销登记等处理，在恢复企业主体资格的同时，将该企业列入严重违法失信企业名单，并通过国家企业信用信息公示系统公示，有关利害关系人可以通过民事诉讼主张其相应权利。

（8）对恶意利用企业简易注销程序逃避债务或侵害他人合法权利的，有关利害关系人可以通过民事诉讼，向投资人主张其相应民事责任，投资人违反法律、法规规定，构成犯罪的，依法追究刑事责任。

（9）公司应当自接到债务人解散通知书之日起 30 日内，或者公告日之日起 45 日内向清算组申报其债权。逾期可在清算终结前补充申报债权。因公司重大过错未在规定期限申报债权，公司将失去主张清偿债权机会，视为公司放弃了未申报的债权。

防范措施

（1）公司解散事由出现后，应在 15 日内及时成立清算组，开始清算，清算组应严格遵守相关法定程序，清算组成员尽到审慎注意义务，依法进行清算。

（2）申请简易注销公司前，应确保公司债权债务清偿完结或已经进行了妥当安排，确保简易注销登记申请和《全体投资人承诺书》、向登记机关提交的材料均真实、合法。

（3）禁止擅自放弃或逾期申报债权，导致公司债权丧失。公司接到债务人解散要求申报债权的通知书或公告后，应在规定期限内及时申报公司债权。

六

珍爱生命，远离危险——工伤事故

主要表现

（1）总包方违反法律、法规规定将工程分包给不具备相应资格的分包方，该分包方所聘用的工人从事施工作业时因工伤亡。

（2）由总包方项目部直接招聘的临时工人（如司机、清洁工等），双方没有签订劳务合同，或者不符合劳务合同关系的条件，总包方又没有为其办理工伤保险及意外伤害险，临时工人发生人身伤亡事故。

法律后果

（1）因将工程违法分包给不具备相应资质的分包方，导致总包方承担了本应由分包方承担的用工风险，总包方应向伤亡人员承担工伤保险责任[①]。

（2）总包方项目部在项目现场直接聘请临时工人，一旦被认定为构成劳动关系，发生意外事故后，总包方需按工伤保险待遇，以及其他人身损害进行赔偿，甚至补足其他“五险一金”等职工待遇。

防范措施

（1）遵守法律规定，依法为本单位职工办理工伤保险。发

① 引自《最高人民法院关于审理工伤保险行政案件若干问题的规定》第3条。

生工伤事故的，应积极组织救治，用人单位应当自事故伤害发生之日起 30 日内，向统筹地区社会保险行政部门提出工伤认定申请。

（2）应选择具有用工资质的分包方，确保合法用工，在与分包方签订合同时应明确其为雇员缴纳工伤保险的义务，要求分包方承诺发生纠纷时应由其处理相关纠纷。

（3）发生工伤事故后，应积极应对，避免激化矛盾。若发生总包方垫付费用的，应与分包方通过书面形式协议确认，并明确应从应付未付的款项中直接扣除本应由分包方承担的工伤保险费用。

（4）对于临时性用工，建议首选与具备相应资质的运输公司、餐饮公司、家政公司或第三方劳务外包公司进行合作，避免形成直接的劳动关系，扩大工伤责任范围。

（5）施工现场应落实安全生产岗位责任制及安全生产规章制度，做好安全生产检查和监督工作，定期对员工进行安全培训，提升员工安全防护意识。

七

一个处罚，一个污点——行政处罚

主要表现

在招投标、合同签订和履约过程中因违反相关法律法规导致公司受到政府行政机关行政处罚。

法律后果

（1）因政府行政处罚决定书会在网上公开，不仅会导致公司失去参与未来项目投标的机会，还会对公司商业形象、企业信誉造成无法挽回的恶劣后果。

（2）如果违法情形恶劣，将会导致公司除受到经济处罚，还可能造成停产停业整顿、吊销营业执照、相关责任人受到刑事处理的严重后果。

防范措施

（1）在生产经营过程中，应当严格依法合规，坚决杜绝违法施工行为，将可能的行政处罚事项争取通过及时整改、良性沟通等措施，消除违规事项及后果，将行政处罚“扼杀在摇篮中”。

（2）在分包过程中，必须持续加强对分包方的履约管控，杜绝违法、违规事件发生后，公司被连带处罚；同时应当根据情况争取将有关行政处罚由分包方自行解决，坚决杜绝此类事件牵连公司。

（3）在生产经营过程中，应当充分研判行政违法风险，如风险事件可能发生，切忌不可“心存侥幸”或“盲目自信”，应当及时与有关行政部门进行有效沟通，及时整改，消除影响，尽量缩小行政违法事件的影响面，维护公司整体利益和长远利益，化解风险事件。

八

刑事责任风险

（一）贿赂类犯罪

1. 花钱买罪受——行贿罪

主要表现

（1）在工程招投标过程中，通过贿赂其他国有企业的负责人员进行陪标、串标，或向建设单位、评标委员会成员（为国家工作人员或国企、事业单位相关负责人员）直接行贿，谋取中标。

（2）在施工过程中，向建设单位（为国家工作人员或国企、事业单位相关负责人员）行贿，合谋通过虚设工程量或提高价格等手段谋取不正当利益。

（3）为讨要工程款，向建设单位（为国家工作人员或国企、事业单位相关负责人员）行贿，即使谋取合法利益，仍存在构成行贿罪的风险。

法律后果

（1）行贿金额达到3万元以上或有其他严重情形的，构成行贿罪，对犯行贿罪的，处五年以下有期徒刑或者拘役，并处罚金；因行贿谋取不正当利益，情节严重的，或者使国家利益遭受重大损失的，处五年以上十年以下有期徒刑，并处罚金；情节特别严重的，或者使国家利益遭受特别重大损失的，处十年以上有期徒刑或者无期徒刑，并处罚金或没收财产。

（2）即使行贿对象并非国家工作人员，行贿金额较大或有其他严重情形的，也会涉嫌构成“对非国家工作人员行贿罪”，处三年以下有期徒刑或者拘役，并处罚金；数额巨大的，处三年以上十年以下有期徒刑，并处罚金。

防范措施

（1）应严格遵守和落实相关法律法规及公司内部的纪律规定，遵守底线，建议相关人员签署《廉洁承诺书》，对与工程发包、结算付款等重要岗位和敏感岗位人员的合规履职行为进行监督检查，确保不发生行贿受贿贪污等违法乱纪的行为。

（2）不纵容建设单位的索贿行为，遇到建设单位人员滥用职权侵犯企业合法权益的，通过投诉检举等合法方式解决，避免同流合污，以身试法。

（3）工程管理人员应当注意与国家工作人员之间的关系、感情、交往情况，相关礼尚往来不能逾越法律规范尺度。

2. 不义之财不可取——受贿罪

主要表现

（1）公司工作人员接受他人请托，利用职务上的便利，在工程项目招投标及分包过程中为他人谋取利益，收受他人财物。

（2）公司工作人员接受他人请托，利用职务之便为他人谋取利益，在特殊节日中收受他人赠送的大额礼金，或以借款为名收受他人财物，或收取各种回扣、好处费、手续费等。

法律后果

公司工作人员利用职务上的便利，索取他人财物的，或者非法收受他人财物，为他人谋取利益的，构成受贿罪。量刑方面与贪污罪相同，如果是主动索贿的，从重处罚。

防范措施

“君子爱财，取之有道”，应严格遵守国家相关法律法规规定，以及公司内部管理规定，杜绝发生违法乱纪的行为。

（二）手莫伸，伸手必被抓——贪污罪

主要表现

（1）公司工作人员利用负责项目招标、工程进度验收及工程款项结算审核等职务上的便利，通过虚增材料采购费用的方式，骗取国有资金。

（2）公司工作人员通过虚报材料采购单价、采购数量等方式套取国有资金。

（3）公司工作人员与供货商或其他下游企业相互勾结，通过虚开票据报销等方式，共同侵吞国有资金。

法律后果

贪污金额较大的（3 万 ~20 万元）或者有其他较重情节的，处三年以下有期徒刑或者拘役，并处罚金；贪污数额巨大（20 万 ~300 万元）或者有其他严重情节的，处三年以上十年以下有期徒刑，并处罚金或者没收财产；贪污数额特别巨大（300 万元以上）或者有其他特别严重情节的，处十年以上有期徒刑或者无期徒刑，并处罚金或者没收财产；数额特别巨大，并使国家和人民利益遭受特别重大损失的，处无期徒刑或者死刑，并处没收财产。

防范措施

应严格遵守国家相关法律法规规定及公司内部管理规定，杜绝发生违法乱纪的行为。

（三）“只是用用而已”也犯罪——挪用公款罪

主要表现

（1）公司工作人员利用职务上的便利，将公司拨付给项目的工程款私自挪作他用或直接用于个人消费。

（2）公司工作人员利用职务上的便利，违规借用公司备用金或私自挪用公司其他资金，私设“小金库”或公款私存，将公款用于个人使用、借给他人使用或私自进行其他营利活动。

法律后果

公司工作人员利用职务上的便利，挪用公款归个人使用，进行非法活动的；或者挪用公款数额较大，进行营利活动的；

或者挪用公款数额较大，超过三个月未还的，构成挪用公款罪，处五年以下有期徒刑或者拘役；情节严重的，处五年以上有期徒刑。挪用公款数额巨大不退还的，处十年以上有期徒刑或者无期徒刑。

防范措施

（1）严格遵守国家相关法律法规规定及公司内部管理规定，杜绝发生违法乱纪的行为，摒弃“只是用用而已”的侥幸心理，只要私自挪用资金，即使归还仍涉嫌犯罪。

（2）强化对关键岗位的监督和制约，禁止私设“小金库”，公款私存等行为。

（四）人不欺我，我不欺人
——诈骗罪 / 合同诈骗罪

主要表现

（1）假冒建设单位名义或虚构工程项目与他人签订工程类合同，骗取工程保证金等款项。

（2）挂靠人员以被挂靠单位名义，虚构建设项目骗取工程保证金等款项。

（3）总包方通过虚报工程量、隐瞒单价、虚构合同和结算材料骗取建设单位工程款。

法律后果

（1）在签订、履行合同过程中，骗取对方当事人财物，数额较大的，构成合同诈骗罪；非合同履行过程中诈骗公私财物的，构成诈骗罪，处三年以下有期徒刑、拘役或管制，并处或者单处罚金；数额巨大或者有其他严重情节的，处三年以上十年以下有期徒刑，并处罚金；数额特别巨大或者有其他特别严重情节的，处十年以上有期徒刑或者无期徒刑，并处罚金或者没收财产。

（2）如果与存在上述诈骗情形的单位进行合作，可能会遭遇诈骗，工程款/履约保证金存在无法追回的风险。

防控措施

（1）签订合同前，需增强风险意识，对合同相对方的主体资格、诚信情况、经营状况、资产实力、履约能力等进行核实了解，避免与失信企业、经营不善的企业进行交易，防止对方虚构事实、隐瞒真相进行欺诈。

（2）在履行合同过程中出现资金短缺、无法如期付款、因客观原因需要改变合同内容等情况时，需及时与合同相对方进行沟通，共同协商解决办法，避免无故不履行合同义务，防止被对方认定为合同诈骗。

（3）在结算过程中，应确保结算资料的真实性，实事求是，避免发生因存在虚构工程量、虚增费用等情况而被对方认定为诈骗。

（4）总包方与建设单位因施工中存在的停工损失、变更等费用不便直接签证确认，而双方达成以其他方式进行补偿，特别是以虚增某部分的工程造价的方式进行补偿的，应保留相关证据，否则一旦建设单位反悔否认双方达成的默契，反以诈骗罪追究总包方责任。

（5）时刻关注合同相对方关键信息的变化，如履约能力、资信能力等，及早发现并处理，防止被骗。

（6）增强法律意识，规范公司员工的对外代理行为，禁止未经审批擅自加盖公司印章，或未经审核随意对建设单位或分包方提供的文件进行签字确认。

（五）渎职类犯罪

1. 大意失荆州，一败涂地——签订、履行合同失职被骗罪

主要表现

（1）公司工作人员在签订、履行合同过程中，疏忽大意或盲目轻信对方而被骗，致使国有资金遭受特别重大损失。

（2）公司工作人员在签订、履行合同过程中，未认真审核对方资产状况、履约能力、委托书真伪而被诈骗，致使国有资金遭受特别重大损失。

法律后果

国有公司、企业、事业单位直接负责的主管人员，在签订、履行合同过程中，因严重不负责任被诈骗，致使国家利益遭受重大损失的，处三年以下有期徒刑或者拘役；致使国家利益遭受特别重大损失的，处三年以上七年以下有期徒刑。

防范措施

（1）相关责任人员应认真履职，严格按规定对项目进行考察论证，对项目标的的真实性及合法性负责，对合作相对方进行充分了解，必要时进行法律尽职调查。

（2）相关责任人员应树立和加强合同风险意识，签约前审核对方营业执照、身份证明、授权文件等，杜绝与资信不良或身份不明的企业或个人合作。

（3）重视合同的起草、会审、签字及用印等工作，严格落实公司合同管理方面的规章制度，对于应当提交法律审核的合同或其他文件，禁止在未经审核的情况下擅自用印。

2. 在其位，谋其政
——国有公司、企业、事业单位人员失职罪 / 滥用职权罪

主要表现

公司工作人员严重不负责任、滥用职权或者徇私舞弊，造成国有企业破产或严重经济损失。

法律后果

构成国有公司、企业、事业单位人员失职罪，或者国有公司、企业、事业单位人员滥用职权罪的，处三年以下有期徒刑或拘役；致使国家利益遭受特别重大损失的，处三年以上七年以下有期徒刑。

防范措施

公司工作人员应做到“在其位，谋其政，行其权，尽其责”，认真履职，维护公司利益最大化。否则，不仅构成失职，还可能涉嫌犯罪。

（六）安全责任事故类犯罪

1. 安全重于泰山——重大责任事故罪

主要表现

（1）工程的建设单位、总包方、现场负责人、安全负责人违反安全管理法规，不履行各自职责，未落实安全措施，引发重大责任事故。

（2）建设单位擅自改变工程规划设计，总包方出借资质，监理人不履行职责，实际施工人组织无证人员上岗，引发重大责任事故。

（3）总包方为抢工期赶进度，不遵守安全管理法规，造成安全生产事故。

法律后果

发生重大伤亡事故或造成其他严重后果的，构成重大责任事故罪，将依法对相关单位的直接责任人员处三年以下有期徒刑或拘役；情节特别恶劣的，处三年以上七年以下有期徒刑。

防范措施

（1）落实总包方职责，各司其职，加强施工全流程管理，认真落实安全责任制，定期检查考核，做好记录。

（2）加强安全教育工作，定期开展施工安全知识培训，避免施工期间可能出现的危险因素和违规操作。

（3）加强对劳务分包单位的管理，严格审核劳务分包方员和技术施工人员的相应资质，在劳务分包合同中细化安全责任条款，加强对施工人员的安全培训，对违规施工加大处罚力度。

（4）发生安全事故后要积极采取救援措施，并立即上报相关部门，谎报瞒报将承担法律责任。

2. 百年大计，质量第一——工程重大安全事故罪

主要表现

建设单位、设计单位、施工单位、工程监理单位违反国家规定，降低工程质量标准，造成重大安全事故。

法律后果

构成工程重大安全事故罪的，将依法对相关单位的直接责任人员，处五年以下有期徒刑或者拘役，并处罚金；后果特别严重的，处五年以上十年以下有期徒刑，并处罚金。

防范措施

同上述“重大责任事故罪”防范措施。

3. 安全来于警惕，事故出于麻痹——重大劳动安全事故罪

主要表现

安全生产设施或安全生产条件不符合国家规定，因而发生重大劳工伤亡事故或造成其他严重后果。

法律后果

构成重大劳动安全事故罪的，将对直接负责的主管人员和其他直接责任人员，处三年以下有期徒刑或拘役；情节特别恶

劣的，处三年以上七年以下有期徒刑。

防控措施

同上述“重大责任事故罪”防范措施。

（七）拒绝沆瀣一气——串通投标罪

主要表现

（1）投标人通过挂靠方式串通投标，挂靠企业知情的，和被挂靠企业可能构成串通投标罪的共犯。

（2）为他人串通投标提供帮助或便利条件，或者参与陪标可能构成串通投标罪的共犯。

（3）与招标人串通投标，并向招标人行贿的，可能同时构成串通投标罪、行贿罪，实行数罪并罚。

（4）其他串通投标的行为，同第一章第二类（二）“程序错，满盘皆错——违反招投标程序规定”部分。

法律后果

（1）除可能引起民事责任、行政处罚外，损害招标人、投标人，或者国家、集体、公民的合法利益造成直接经济损失数额在五十万元以上的；违法所得数额在十万元以上的；中标项目金额在二百万元以上的；采取威胁、欺骗或贿赂等非法手段的；虽未达到上述数额标准，但两年内因串通投标，受过行政处罚二次以上，又串通投标的；存在其他情节严重的情形，构成串通投标罪。

（2）投标人相互串通投标报价，损害招标人或其他投标人利益，情节严重的，处三年以下有期徒刑或拘役，并处或单处罚金；投标人与招标人串通投标，损害国家、集体、公民的合法利益的，依照前款的规定处罚。

防范措施

熟悉相关招投标法律法规及《刑法》相关规定，依法依规履行招投标程序，避免发生串通投标的行为。

（八）保密无小事，言行莫大意
——侵犯商业秘密罪

主要表现

（1）以盗窃、贿赂、欺诈、胁迫、电子侵入或其他不正当手段获取公司或他人的商业秘密。

（2）披露、使用或允许他人使用以上述不正当手段获取的商业秘密。

（3）公司涉密人员违反公司规定的保密义务或保密要求，披露、使用或允许他人使用其所掌握的商业秘密的。

法律后果

有上述情形之一的，涉嫌构成侵犯商业秘密罪。情节严重的，处三年以下有期徒刑，并处或者单处罚金;情节特别严重的，处三年以上十年以下有期徒刑，并处罚金。

防范措施

（1）公司工作人员，无论是否处于涉密岗位，均应严格遵守法律规定及公司规章制度，保守公司商业秘密，杜绝非法获取公司商业秘密，或将其知悉的商业秘密泄露给他人。

（2）应与合作向对方或其他可能接触到公司商业秘密的单位或人员签署《保密协议》，明确其违反商业秘密条款的违约责任，避免非公司工作人员泄露涉密信息。

（九）“萝卜章”不可为
——伪造公司、企业、事业单位、人民团体印章罪

主要表现

伪造公司、企业、事业单位、人民团体（包括项目部）的印章的，侵犯上述主体的正常经营活动及声誉。

法律后果

构成伪造公司、企业、事业单位、人民团体印章罪的，处三年以下有期徒刑、拘役、管制，或者剥夺政治权利，并处罚金。

防范措施

（1）健全印章管理制度，妥善保管各类印章，禁止在空白页上加盖印章，禁止私刻公司或项目部印章。

（2）严格履行公司《行政印章管理办法》等规定，原则上印章的使用应在办公室内，特殊情况下需要带出的，应履行相应的审批手续，经审批后应由两名以上人员共同外出携带。

（3）加强对印章刻制程序及收回销毁的管理，在公司下属单位、部门、项目部撤销后，应及时上交和销毁原印章。

（十）坚决守住18亿亩耕地红线
——非法占用农地罪

主要表现

施工过程中违反土地管理法规，非法占用耕地、林地等农用地，改变被占用土地用途，数量较大，造成耕地、林地等农用地大量毁坏。

法律后果

占用数量较大，造成耕地、林地等农用地大量毁坏，将构成非法占用农地罪，处五年以下有期徒刑或拘役，并处或单处罚金。

防控措施

（1）项目前期阶段，审核建设单位项目用地审批手续，核实土地用途，按照用地审批要求用地，不得违法侵占，不得“少批多占”，不得随意改变土地用途。

（2）在未办理林地或农用地征占使用审批手续的情况下，避免提前进场施工或建设临时房屋、堆料弃渣、破坏耕地等行为。

（十一）禁止乱砍滥伐——滥伐林木罪

主要表现

违反森林法的规定，在施工过程中未经相关主管部门许可或超越许可范围滥伐森林或者其他林木。

法律后果

依法赔偿相关林木损失，并可能遭致行政处罚，数量较大的，将构成滥发林木罪，处三年以下有期徒刑、拘役或管制，并处或单处罚金；数量巨大的，处三年以上七年以下有期徒刑，并处罚金；数量特别巨大的，处七年以上有期徒刑，并处罚金。

防范措施

（1）光电、风电等项目如涉及采伐林木，应根据拟采伐林木的性质、数量等向林业主管部门申办林木采伐许可证，避免发生无证采伐，或者超越许可范围采伐的情况。

（2）与分包方签订合同时应明确对林木林地的保护职责，并督促核实分包方的林木使用采伐方面的合规情况。